認知と言語

日本語の世界・英語の世界

開拓社
言語・文化選書
62

認知と言語

日本語の世界・英語の世界

濱田英人 著

開拓社

はじめに

　本書は単なる言語研究ではなく，英語の学習者や中学校，高等学校で英語教育に携わる英語教師の方々も視野に入れ，「英語の感覚」を身に付けるために特に重要と考えられる項目を取り上げ，それを私たちの母語である日本語と対照し，認知文法の視点から立体的に捉えることで，「日本語の感覚」「英語の感覚」を解明することを目的としています。

　ここで日本語と英語を対照的に考察する意図は，「英語の感覚」を理解し，身に付けるためには，私たちの母語である日本語を客観的に見つめ直し，「日本語の感覚」と対照することが有効であると考えるからです。具体的な例を一つ挙げると，英語には5文型という表現のパターンがあり，すべての文型は「主語＋動詞」をもつ点で共通しており，このこと自体には，別に何の疑問も生じないように思えます。しかし，このことを日本語と対照して考えてみると，日本語の場合には「主語」が表現されないことが多いことに気付きます。このことは，たとえば，一緒に魚釣りに行った友人と後日会って，「あの魚どうした？」と尋ねられて，「ああ，食べたよ。美味しかったよ」と答えるような状況を考えてもうなずけます。つまり，「食べたよ」には主語もなければ目的語もないわけです。そして，これが私たちの言語社会で慣習化した「好ま

れる表現方法」で，私たちが母語である日本語を習得する中でこのような表現方法が心に定着し，「日本語の感覚」が形成されると，この「日本語の感覚」で英語を話すのは非常に困難だということは言うまでもありません。

　そして，この言語社会での「好まれる表現方法」の違いが何に起因するのかと言うと，それは言語話者の出来事の認識の仕方と言語化が密接に関係しているからだということになります。つまり，このことは絵画がそこに描かれている対象物だけでなく，画家がどの場所（位置）からそれを描いたのかを語ってくれるのと似ており，言語表現は表現したい事柄（出来事）を話し手がどのように捉えているのかを反映しているのです。

　そこで本書では，私たちが外界世界の対象を認識する際には，「見え」のままを認知処理する知覚と認識が融合した認知の仕方と，出来事に関与している自分自身を含めて全体を客体視するメタ認知という二つの認知の仕方があり，そのどちらが優勢であるかが個別言語を特徴付けているという立場から，日英語話者それぞれの世界の切り取り方と言語表現の関係をみていきます。そして，知覚と認識が融合した認知の仕方を反映している言語話者の感覚を「場面内視点」，メタ認知による認知の仕方を反映している言語話者の感覚を「場面外視点」と呼び，前者が「日本語の世界」を，後者は「英語の世界」をそれぞれ特徴付けていることを述べたいと思います。

　本書の執筆にあたり，原稿に修正を重ねるたびに丁寧にお読み

くださり，示唆に富む貴重なコメントを頂きました北海道武蔵女子短期大学の尾野治彦氏に心よりお礼申し上げます。本書は尾野治彦氏の温かい励ましとご支援なくしては到底完成をみることはできませんでした。原稿の執筆過程ばかりでなく，校正，索引作成を経て最終的な完成に至るまでのすべての過程に深く関わって頂き，実質的に共著者同様のご尽力を頂けましたことに深く感謝申し上げます。

　最後に，開拓社出版部の方々には，本書を執筆する機会をお与え頂き心より感謝申し上げます。特に川田賢氏には，本書製作の全工程で的確なご助言を頂き，出版に関わるさまざまなことでご配慮頂きました。改めて厚くお礼申し上げます。

2016 年 7 月 4 日　札幌にて

濱田　英人

目　　次

はじめに　*v*

第1章　認知文法からのアプローチ………………………………*1*
1.1.　認知文法の言語観　*4*
　1.1.1.　ことばの意味の在り処　*4*
　1.1.2.　人間の基本的な認知能力　*7*
　1.1.3.　知覚と認識のメカニズム　*12*
　1.1.4.　知覚作用と認知操作の類似性　*14*
　1.1.5.　認知主体の認知操作の顕在化と言語の意味　*16*
1.2.　日英語話者の出来事認識の違いと言語表現　*20*
　1.2.1.　日本語話者のモノや出来事の認識の仕方と言語表現
　　　　　　　　　　　　　　　　　　　　　　　　　22
　1.2.2.　英語話者のモノや出来事の認識の仕方と言語表現　*28*
1.3.　まとめ　*33*

第2章　空間認識と言語表現………………………………………*35*
2.1.　英語の不定詞と動名詞　*37*
2.2.　英語の現在完了の本質　*52*
2.3.　日本語の「た」の意味　*56*
2.4.　英語の現在時制と過去時制　*63*
2.5.　日英語話者の能動・受動の感覚の違いと言語表現　*70*

2.5.1. 英語の受動文の表現効果　*71*
2.5.2. 日英語話者の出来事認識と能動・受動の感覚　*74*
2.5.3. 英語の他動性の違いを表す表現手段　*79*
2.5.4. 日本語の「ラレル」構文　*82*
2.5.5. 英語の受動文再び　*86*

第3章　視点と言語化 …………………………………… *91*

3.1. 日英語における冠詞の発達の有無　*92*
3.2. 日英語話者の集合の認識の違いと日本語の類別詞の発達

100

3.3. 日英語の二重目的語構文　*111*
　3.3.1. 日本語の二重目的語構文の特徴　*113*
　3.3.2. 英語の二重目的語構文と前置詞文（SVO to NP）　*115*
　3.3.3. 出来事の捉え方と二重目的語構文　*121*
3.4. 日本語の助詞「の」と英語の NP's N / the N of NP　*124*
　3.4.1. 日本語の助詞「の」　*124*
　3.4.2. 英語の 's と of　*129*
3.5. 日本語の「行く」／「来る」と英語の 'go' / 'come'　*135*

第4章　概念空間と出来事の認知処理と言語化 ……………… *141*

4.1. 日英語の移動表現　*142*
4.2. 日本語の「V テイル」と英語の進行形（be V-ing）　*148*
　4.2.1. 日本語の「V テイル」　*149*
　4.2.2. 英語の進行形（be V-ing）　*151*
　4.2.3. 日本語の「V テイル」と英語の進行形の本質　*157*
4.3. 英語の存在表現　*160*

あとがき ………………………………… *171*

参考文献 ………………………………… *177*

索　引 ………………………………… *185*

第 1 章

認知文法からのアプローチ

外国語の学習の基本がその言語の語彙と統語規則の習得にあることは間違いありません。しかし，この二つが身につけば実際にその言語を使いこなせるようになるのかと言うと，疑問の余地があることも確かです。このことは同一の場面や状況を言語化する場合に，母語と外国語ではその表現の仕方が違っていることを考えてみても明らかです。たとえば，親子関係を表す場合に，日本語と英語ではそれぞれ（1a, b）のように表現するのが普通です。

(1) a.　ジョンには2人の子供がいる。
　　 b.　John has two children.

つまり，日本語では「〜には」という表現からも分かるように，「ジョンという場所あるいは空間」に2人の子供がいるという存在として表現するのに対して，英語ではhaveを使って，所有関係でこの状況を表現するという違いがあるわけです。また，誰かと会ったことを伝える場合には，次の（2a）のように日本語では「場所の表現」が最初に言語化され，話し手である「私」は通常言語化されません。それに対して，英語では（2b）のように，まず話し手であるIを言語化し，「場所の表現」は文末で言語化されるのが普通です。

(2) a.　駅で花子に会ったよ。

b. I met Hanako in the station.

　日英語の表現の違いはこれだけではありません。次の (3a, b) を見てみましょう。

(3) a. 遠くから見ると，あの岩は人の顔に見える。
　　b. Seen from a distance, the rock looks like a human face.

日本語では，「遠くから見ると」は話し手の視線（あるいは視線の移動）や聞き手に対する視線の誘導を表しており，そのために能動的に表現するのに対して，英語では，「遠くから見る」という出来事と「岩が人の顔に見える」という出来事の論理的関係から，岩は見られる対象なので，Seen from a distance と受動的な表現になります。

　そして，こうした表現の仕方の違いも含めてその言語の「文法」ということになるわけですが，ここで問題にしたいのは，このようないわゆる「日本語らしさ」，「英語らしさ」の根底に流れているものは何かということです。本書では，認知文法（Cognitive Grammar）の視点から，日英語話者の出来事の捉え方の違いについて理解を深め，そうした認識の違いから，日本語と英語のそれぞれの性質を明らかにします。そこでまず初めに，認知文法がことばをどのようなものとして捉え，どのような原理に基づいてそれを記述しようとしているのかを簡単にまとめておきます。

1.1. 認知文法の言語観

　Langackerの提唱する認知文法の言語観の根底にあるのは，対象物を観るという「知覚体験」であり，この日常の知覚体験を抽象化した認知操作を用いて私たちは世界を切り取り，あるいは出来事を理解しているということです。つまり，私たち人間は対象物を観る場合にどのくらい近づいて観るのか，どこに視点を置くのか，その中の何に注目するのか，そして，それをどこから観るのかという知覚作用を通してその対象物を観るわけですが，概念世界で私たちがモノや出来事を認識する場合にも，これと対応する認知操作によって，モノや出来事を認識しているということです。

　具体的に言えば，モノや出来事をどの程度細かく捉えるのか，何をFigure（図）として認識し，何をGround（地）として認識するのか，さらに，出来事をどちらからどちらへ心的走査（mental scanning）するのかという，モノや出来事を捉える認知主体（話し手・聞き手）の認知プロセスが言語表現に表れるということです。そこで次節では，このことをもう少し詳しく見ておきましょう。

1.1.1. ことばの意味の在り処

　認知文法の言語観を理解する上で極めて重要なことは，「ことばの意味とは何か」という根源的な問いをどのように考えている

のかということです。そこでこのことを理解するために，次の (4), (5) の文を観察することから始めてみましょう。

(4) a. The lamp is above the table.
　　　（ランプがテーブルの上にある）
　 b. The table is below the lamp.
　　　（テーブルがランプの下にある）
(5) a. The hill gently rises from the bank of the river.
　　　（丘が川の土手からなだらかに隆起している）
　 b. The hill gently falls to the bank of the river.
　　　（丘が川の土手からなだらかに下降している）

(Langacker (2008: 82))

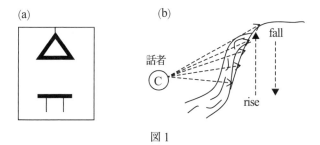

図 1

(4), (5) の文は，それぞれ図 1(a), (b) の状況をことばで表現したものです。つまり，(4a, b) と (5a, b) では，記述されている状況は客観的には同じです。にもかかわらず，表現が異なっているのはなぜかと言うと，それは話し手の知覚対象の捉え方が異なっ

ているからだ，ということになります。具体的には，(4a, b) ではランプとテーブルの位置関係は同一ですが，(4a) ではランプの視点から位置関係を述べているのに対して，(4b) では同じ状況をテーブルの視点から述べている点で異なっています。また，(5a, b) では丘の形状について述べている点では同じですが，その丘をどちらからどちらへ視線を移動することで記述しているか，という捉え方が異なっています。つまり，ことばの意味には認知主体のモノや出来事の「捉え方」が反映しているということです。

　ここで重要なことは，この「捉え方」というのはどこにあるのかということです。これはもちろん，私たちは知覚対象を認識して，それをことばで表現するので，「捉え方」というのは認識の仕方ということであり，それは私たちの概念世界（もっと言えば，脳内）にあるということになります。したがって，このことから，認知文法では「ことばの意味」を以下のように規定しています。

(6)　ことばの意味とは何か
　　　「ことばの意味」は認知主体（話し手・聞き手）が記述対象をどのように概念化するかという認知プロセスにある。

　また，ここで記述対象の概念化とはどういうことかと言うと，それは私たち人間が，固有に有している基本的な認知能力を用いて，その取り巻く世界を一定の仕方で切り分け，解釈する認知プ

ロセス（認知操作）ということです。認知文法は，ことばを認知主体の認知プロセスの視点から考察し，その本質を明らかにしようとする文法理論なのです。

1.1.2. 人間の基本的な認知能力

では，人間の基本的な認知能力とはどのようなものなのでしょうか。このことについて Langacker (1999) は以下のものを挙げています。

(7) 人間の基本的な認知能力
   a. 状況の中のどこかに視点をおき，相対的にその他を背景として認識する能力，また，焦点化されたものを背景から切り取って認識する能力
   b. 何かを目印にしてあるモノを見つける能力
   c. 二つのモノや出来事を比較し，両者の類似性や相違点を見つける能力
   d. 複数のモノを類似性や近接性等に基づいてカテゴリー化する能力
   e. モノや出来事を抽象化，一般化して捉える能力

(Langacker (1999: 2-3) 参照)

つまり，私たちは (7) のような本来備わった能力を働かせて場面や状況を把握し，それを言葉で表現しているのです。この認知能力のどれもが人間の精神活動に欠かせないものですが，ここでは

「日本語の感覚」「英語の感覚」を考えるために，特に関係の深い (7a, b) について以下で簡単にまとめておきたいと思います。

　まず認知能力の (7a) についてですが，私たちはある出来事や状況を知覚すると，その全体をしばらくの間漠然と見ているということはあっても，通常はその中のどこかに意識を向けます。それと同時にその他の部分が背景化されます。これが前景化と背景化の認知プロセスであり，意識が向けられ目立って認識されているものを Figure（図），背景を Ground（地）と言います。そしてこのとき何が Figure となりやすく，また，何が Ground となりやすいかには一定の原理があり，山梨 (2004) はその要因として以下のものを挙げています。

(8) 　Figure / Ground の要因
- a. 小さいものが Figure ／大きなものが Ground となりやすい。
- b. 動的な存在が Figure ／静的な存在が Ground となりやすい。
- c. モノ的な存在が Figure ／場所・空間的な存在が Ground になりやすい。
- d. 有生物が Figure ／無生物が Ground になりやすい。
- e. 具体的なものが Figure ／抽象的なものが Ground になりやすい。

(山梨 (2004: 160) 参照)

たとえば，この Figure/Ground の具体例として，次の状況を表現するとどうなるのかを考えてみると，この場合の自然な表現は (9a) であり，(9b) は不自然になることが分かります。

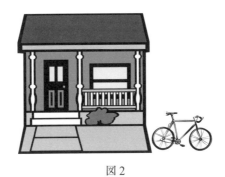

図2

(9) a. 自転車が家のそばにある。
    b.??家が自転車のそばにある。

これは自転車が家に比べて小さく，また動くものであるために，Figure/Ground の要因の (8a) と (8b) から自転車が Figure として認識されやすく，そのためそれを主語にした (9a) は自然ですが，自転車との関係で相対的に背景になりやすい家を主語にした (9b) は不自然ということになるのです。

では次に認知能力の (7b) についてですが，これは身近な例として次のような会話を考えてみるとよいと思います。

(10)　A:　図書館はどこですか？

> B: 図書館はあそこに見える銀行の角を曲って5軒目です。

ここでは，話し手Bは話し手Aの質問に答えるために，話し手Aの目に見えている「銀行」を目印に使って，目的地である図書館を説明しています。そして，この会話の後，話し手Aは目印の銀行の角を曲がり，図書館にたどり着くことになるのであり，このようなことが可能なのは，人間は何かを目印（参照点）にして，それをヒントに目標物（target）を理解する認知能力をもっているからなのです。認知文法では，この能力を「参照点能力 (reference point ability)」と言い，この認知プロセスを利用した構文を参照点構造 (reference point construction) と言います (Langacker (1993) 参照)。この認知プロセスを図示すると図3のようになります。

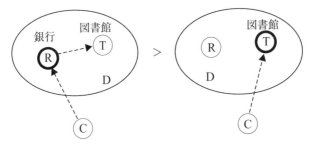

R : reference point（参照点）
T : target（目標物）
C : conceptualizer（概念主体（話し手・聞き手））
D : dominion（支配領域）
　　Rによって想起される領域で，可能な target の集合
- - ▶ : mental path（心的経路）

図 3

　この参照点能力の活性化に際して，何が参照点として選ばれやすいかは，発話の場面や聞き手の背景知識が重要な役割を担うことは言うまでもありませんが，私たちの認識には一定の傾向性があることも確かです。Langacker (1993) は，何が参照点となりやすいかに関する傾向性を「目立ちの原理 (salience principle)」と呼び，次のようにまとめています。

(11)　Salience principle:
　　　　human > non-human; whole > part;
　　　　concrete > abstract; visible > non-visible

(Langacker (1993: 30))

つまり，人と人以外なら人のほうが参照点になりやすく，全体と部分なら全体のほうが，具体的なものと抽象的なものでは具体的なもののほうが，また，目に見えるものと目に見えないものでは目に見えるもののほうが参照点になりやすいということです。

1.1.3. 知覚と認識のメカニズム

先ほど，知覚体験と認知操作のことにふれましたが，認知文法では認知科学一般の考え方（Barsalou (1999) 等）と同様に，人間の認識は知覚体験に根ざしていると考えます。つまり，私たち人間は日常の知覚体験をいわば構造化し，その構造化された概念を用いて，私たちを取り巻く世界を理解しているわけです。ここでいう構造化とは，知覚体験が抽象化されスキーマ化されるということで，それが語の意味や出来事を理解する場合に重要な働きをするのです。そして，人間がこのように知覚世界の具体的なモノや出来事から細部を捨象したスキーマを形成することができるのは，私たちには (7e) の「モノや出来事を抽象化，一般化して捉える」という認知能力があるからなのです。

たとえば，次の図 4 は，誰かが公園にいるという知覚体験が認識され，それが抽象化されて脳内にイメージ・スキーマとして蓄積されたことを表したものです。

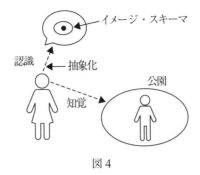

図 4

英語ではこのイメージ・スキーマを in で言語化し，ある状況が知覚・認識され，それがこのスキーマに合致していると，その状況を in を使って表現するわけです。

そして人間の言語を考える場合に，この知覚体験が概念世界（脳内）でスキーマやイメージ・スキーマとして構造化されるということは重要な意味をもちます。というのは，人間にこのような能力があるからこそ，言語が進化したということになるからです (Ramachandran (2011) 参照)。

具体例を挙げると，次の (12a) は物理的な空間の意味の in で，I met Mary という出来事が the station の中で起こったことを表しているのに対して，(12b, c) はそうではありません。

(12) a. I met Mary in the station. ［物理的空間］
　　　　（駅でメアリーに会った）
　　b. The historic event occurred in 1976. ［時］

(1976 年に歴史的に重要な出来事が起こった)

c. John is in a good mood. ［心的状態］

(ジョンは機嫌がいい)

(12b) は「時(間)」を「空間」に見立てて表現しており，(12c) は「心の状態」を「空間」に見立てて表現しています。これは元々の「空間」の意味からメタファーによって生じた意味拡張ですが，このようなことが可能なのは，「空間」「時」「心的状態」というそれぞれの概念のイメージ化が根底にあるからなのです。つまり，このイメージ化によって，「時間」と「空間」が一定の「範囲」を表すという意味で類似性があると感じたり，また，「ある心的状態の中にいる」ということと，「物理的な空間の中にいる」ということが似ていると感じることができるのです。

このように，人間の知覚体験を抽象化してイメージとして構造化できる能力は，ことばを考える上では非常に重要であり，このイメージ化された構造体を Barsalou and Prinz (1997) や Langacker (2008) はシミュレーション (simulation) と呼んでいます。

1.1.4. 知覚作用と認知操作の類似性

認知文法の言語観を理解する上で重要なことは，知覚作用と認知操作が似ているという考え方であることは先にも述べました。つまり，出来事を捉える認知操作というのは，人間がモノを知覚

する際の知覚作用がその基盤となっているということです。

具体例を一つ挙げると，遠くから見る，近づいて見るという視覚上の遠近は，同様に認知操作にも当てはまります。つまり，対象物をある程度距離を置いて見ているときには，全体の輪郭が知覚され，次第に近づいていくことで，とうとうその対象物の輪郭が視界からはみだし，輪郭が見えなくなってしまいます。こうした知覚体験は誰にでもあることですが，この知覚上の「見え」と同様のことが概念領域にもあるということです。

たとえば，次の図5(a)では視界（viewing frame (VF)）の中に鶏全体があり，その輪郭を知覚・認識できるのに対して，図5(b)では視界からはみだしてその輪郭を知覚・認識できません。(13a, b) の chicken が可算名詞になるのか不可算名詞になるのかは，このことによるのです。

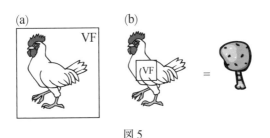

図5

(13) a. I saw a lot of chickens on the farm. ［可算名詞］
 　　　（農場でたくさんニワトリを見た）
 　 b. Chicken is my favorite food. ［不可算名詞］

（鶏肉は私の好物です）

　これと同様に，(14a) の pity は「哀れみ」という抽象的な概念を表しているので不可算名詞ということになるのに対して，(14b) の a pity は「もう行かなくてはいけないのが残念だ」という具体的な内容を表しており，概念レベルで輪郭（あるいは境界 (boundary)）を認識できることから，可算名詞ということになり，冠詞が必要になるのです。

(14) a.　Pity is akin to love.
　　　　　（憐れみは愛に似ている）
　　 b.　It is a pity (that) I have to leave.
　　　　　（もう行かなければならなくて残念です）

1.1.5.　認知主体の認知操作の顕在化と言語の意味

　認知文法では，ことばの意味は認知主体が記述対象のモノや出来事をどのように捉えているかという認知プロセスにあることはすでに述べました。つまり，ことばの意味には認知主体の「捉え方」が反映されているわけです。ここで注目に値するのは，そうした認知主体の認知プロセス（認知操作）そのものが，語や表現の意味として定着する場合もあるということです。興味深い例として，次の (15a, b) を見てみましょう。

(15) a.　The balloon rose slowly.

(風船がゆっくりと上がっていった)

b. The hill gently rises from the bank of the river.

(丘が川の土手からなだらかに隆起している)

(Langacker (1991: 217-218))

(15a) では,rise は balloon の物理的な移動を表しているのに対して,(15b) では,物理的な移動はなく,hill の形状について述べたものです。ではなぜ,(15b) で本来的には物理的な移動を表す rise が使われているのでしょうか。結論的にはこのことは,(15a) の場合には,「balloon の物理的な上昇」とそれを捉える認知主体の認知プロセスとしての「視線の上昇」があり,この「視線の上昇」が (15b) の記述対象を捉える場合にも同様にあるために,rise を用いて言語化されているわけです。

実は,このように認知主体の認知プロセスが顕在化し,それが語や表現の意味を担うのはよくあることなのです。たとえば,be going to が「～へ行く途中」という進行の意味から予定を表すようになったのも,法助動詞の根源的意味 (たとえば must の「～しなければならない」) から認識的意味 (「～に違いない」) が生まれたのも,これと同じ原理によるのです。

具体的に言えば,be going to という表現は,元々は (16a) のように be going で進行形の表現であり,主語の物理的な移動を表しているわけですが,そこには,それと同時に,その移動をたどる話し手の視線の移動も当然あるわけです。そして,この視線

の移動が基準となる時（たとえば現在時）から，出来事の行われる時までを心的にたどるという心的走査 (mental scanning) に置き換えられ，この心的走査が意味を担うようになり，(16b) のような予定を表す be going to という表現形式が確立したのです。

(16) a. Sam was going to mail the letter but couldn't find a mailbox.

（サムは手紙を投函しようと向かっていたが，郵便ポストを見つけられなかった）

b. Sam was going to mail the letter but never got around to it.

（サムは手紙を投函する予定だったがそうする時間がなかった）

(Langacker (1999: 303))

この言語進化は法助動詞でも同様で，現在使われている法助動詞は元々は動詞でした。たとえば，can は「～の仕方を知っている，知識がある」という意味の動詞で，次の (17a) のように，その後に原形不定詞を目的語に伴う構造でした。それが次第に原形不定詞の表す意味のほうに意識の中心が移り，相対的に can が補助的な役割として認識されるようになり，その結果，法助動詞化したのです。このような事情から，法助動詞化の第一段階は (17b) のように出来事の内容に関わり，主語の能力を表す根源的用法です。そして，そこから次第にその出来事を認識している話

し手の捉え方が can が表すようになり，その結果，第二段階として（17c）のように，出来事に対する話し手の心的態度を表す認識的用法が確立したのです。

ここで重要なこととして，元々の動詞から法助動詞へという進化の第一段階である根源的用法は記述対象の出来事に関わるものであるため，その過去形は過去時を表すことが可能です。しかし，それがさらに進化した第二段階の認識的用法は，話し手の発話時の「今」の心的態度を表すものであることから，過去形は過去時を表すことはありません。この場合の過去形は「心理的な遠さ」を表し，たとえば，may と might を例に挙げると，might は may に比べて，話し手が出来事の起こる可能性が低いと考えていることを表します。

(17) a. *cunne* ge *afandian* heofones ansyne and eorþan; ...
　　　 know you discern heaven's face   and earth's
　　　（汝は空と地の模様を見分けることは知っているが ...）

(保坂 (2014: 80))

　　　[cunnan: 本動詞で「〜の仕方を知っている」という意味]

b. John can speak Japanese.
　　　[can: 根源用法の法助動詞で「主語の内在的能力」]

c. Can John still be at the station?
　　　[can: 認識用法の法助動詞「話し手の推量」]

認知文法ではこの現象を主体化（subjectification）と呼んでお

り，この文法理論がその妥当性を有しているのは，このような言語現象も自然に説明できるからなのです。

1.2. 日英語話者の出来事認識の違いと言語表現

　この節では，これまで繰り返し述べてきた知覚と認識をキーワードにして，日本語話者と英語話者の出来事の認識の違いと，それに起因する言語表現の違いについて述べたいと思います。

　そこで，このことについて考えるための出発点として重要なことは，私たちはある対象物や出来事を知覚し，それが何であるかを認識するわけですが，この場合，知覚と認識は同時並行的であり，その対象物や出来事をリアルタイム処理（real-time processing）で把握しているということです。したがって，対象物や出来事の存在は，認知主体である私たちがその対象物や出来事を知覚することで，いわばその存在が確立するのであり，それが何であるのかという認識は，知覚と同時並行的に概念世界でなされるわけです。そして，この知覚作用と認知操作が同時並行的であるために，通常，私たちはそれを切り離して考えるということはなく，また，この知覚作用と認知操作の主体である私たちの意識が対象物や出来事に向けられている場合は，自分で自分の存在を意識することは通常ないので，知覚対象と認知主体である私たちの関係も同様に分離して考えることはないのです。つまり，知覚と認識が融合した状態の認知の仕方です。

その一方で，私たちはたとえ対象を知覚・認識している最中であっても，自分がしていることを自覚することもできます。つまり，「メタ認知」することができます。この「メタ認知」とは，「自分自身が，自分自身を把握するという形で認知が成立する」という脳内現象であり，他者の心の状態を推測し，それに基づいて他者の行動を解釈，予測するなど，他者の立場に立って考える能力である「心の理論（theory of mind）」が芽生え始める3〜4歳頃から活性化するとされています。そして，私たちはこの能力があるために，自己の認知活動（知覚する，記憶する，理解するなど）を客体視し，それをモニターすることができ，また「自己評価」することができるのです。そしてここで重要なことは，この「メタ認知」というのは，知覚している出来事を，知覚の主体である自分自身を含めて脳内で客体化することで可能となることから，これは知覚と認識が融合した状態から，認識を分離した概念世界での認知の仕方だということです。

　この知覚と認識が融合した状態の認知と，メタ認知という二つの認知の仕方は，人間の出来事把握の二つの在り様（局面）であり，日本語話者も英語話者も共にそのどちらの視点も有しています。そこで，このことを踏まえて，言語話者と母語の関係を考えてみると，そのどちらの認知の仕方が優勢であるかが個別言語を特徴付けており，言語話者はその母語習得の過程で，そのどちらかの出来事把握の仕方を慣習化することで，その言語の話者となる，と考えることもできるわけです。

以下では知覚と認識が融合した認知の仕方と，メタ認知とはどのような感覚なのかについて，日本語話者の認識の仕方と英語話者の認識の仕方を例に挙げ，もう少し考えてみたいと思います。

1.2.1. 日本語話者のモノや出来事の認識の仕方と言語表現

 そこで，まず知覚と認識が融合した認知の仕方とはどういうことかを理解するために，あなたが外出の途中で本を忘れたことに気づき，自宅に戻って2階の部屋の机の上に置いてある本を取りに行くことを考えてみてください。この場合，あなたの視野にあるものは，あなたの動きや視線の向きに応じて，家→玄関→階段→部屋→机へと順に変化し，最終的に視野の中にあるのは目的の本ということになります。ここで重要なことは，このとき，あなたの知覚と認識は同時並行的に進行しているということであり，図6に示されるように，身体の動きに応じて「見え」の世界が変化し，それを順にたどるということです。

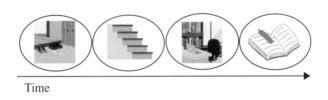

図6　視野の変化（推移）

 そして，実は，このように知覚の順に認識するという出来事の認識の仕方は，まさに日本語話者の出来事把握の仕方を反映して

おり，このように場面の中にいるような感覚で出来事を表現することが，日本語という言語の大きな特徴の一つなのです。このことは，たとえば，あなたが問題になっている本がどこにあるのかを誰かに説明しようとすると，すぐに明らかになります。つまり，以下のような表現になるわけです。

(18) 二階の部屋の机の上の本

このことは，日本語話者の認識世界における出来事の概念化では，知覚と認識が融合した認知の仕方が慣習化しているということを意味しています。もっと言えば，このような認識の仕方は，先に人間の基本的な認知能力として挙げた (7b) の「何かを目印にしてあるモノを見つける能力」である参照点／ターゲット認知を基本とするということです（中村 (2004) 参照）。

そして，この考え方は次の表現を自然に説明できることからも，妥当性を有していると言えます。

(19) a. 駅で花子に会ったよ。 (= (2a))
　　 b. 机の上の本
　　 c. 北海道札幌市豊平区西岡 12-25, 305 号室

つまり，(19a) のように場所の表現が最初に言語化されたり，(19b) のように修飾語句が主要部の名詞に先行したり，また，(19c) のように住所の表現の仕方で大きな空間が先に言語化されるのは，先の (11) の「目立ちの原理」にしたがっており，このよ

うな要素が参照点として機能しているからなのです。

　さらに言えば，日本語で，(20)のように時や理由，条件等を表す副詞節が主節の前に言語化されるのは，副詞節が主節の出来事に対する参照点であることに加えて，日本語話者の場合には，知覚と認識が融合した認知の仕方が慣習化しているために，複数の出来事を記述する場合には，それを順に言語化するしかないからなのです。

　(20)　ステフェニーは家に戻ると，クリストファーに電話した。

　また，この知覚と認識が融合した認知の仕方から言語を見てみると，もう一つ重要なことに気が付きます。それはあなたが目的の本を見つけたときに，ふと呟く「あっ，あった。」ということばです。つまり，このような認識の仕方の場合には，眼前にあるものをあえてことばで表現する必要がないということです。もっと言えば，日本語話者の場合には「知覚・認識された実物＋言語表現（この場合には「あった」）」で意味を完結することができるわけです。[1] そして，実際にこのことは，日本語の表現を少し詳しく観察してみると十分納得がいきます。

　そこで身近な例として，以下の表現を観察してみましょう。

───────

[1] この「知覚・認識された実物＋言語表現」で意味を完結するということについてより正確に言えば，知覚対象が目の網膜から脳内に取り込まれ，それが何であるかが認識されることから，「実物」というのは脳が作り出した「心像（mental image）」ということです。

(21)　きれいだね。

(22)　A:　あのCDどうした？
　　　B:　買っちゃったよ。

(21)が話し手と聞き手が共に美術館にいて同じ絵画を観ている状況だとすると，両者は直接インタラクションすることで対象を把握しており，話し手と聞き手の間で対象物に対する共同注意 (joint attention) が成立しているので，日本語話者の場合には，それを言語化することなく理解することが可能です。そのため対象物をあえて言語化する必要がなく，聞き手に理解できていると判断できる場合には，(21)のように，それについての叙述部分だけが言語化されるということが起こるのです。

　これは先にも述べたように，日本語話者にとっては言語化されているのは叙述の部分だけですが，言語化されない指示対象は視野の中に明確に存在しているのであり，全体としては「眼前にある実物と言語化された叙述部分」で表現として完結しているからです。したがって，日本語話者の言語感覚からすれば，これは「省略」というのではなく，「この絵画」を言語化するかどうかは，認知文法の枠組みで言えば'specificity'（詳述さの度合い）の問題であると言えます。つまり，話し手は聞き手との共同注意の確立の有無や，聞き手が対象をどの程度想起しやすいかを考えて，言語化するかどうかを含めてどの程度詳しく述べるかを決定するのです。

そしてさらに言えば、これと同じことが過去の出来事を話題にしている (22) にも当てはまります。つまり、(22) では CD は発話時の場面の中には存在していませんが、日本語話者の場合には、図7のように、(22A) の話し手も (22B) の話し手も共に過去の自分自身の視野からの「見え」をそのまま概念世界上に再現し、その中の特定の対象物 (CD) を話題にしており、その出来事を経験の中で共有しているので、互いの「認識上の「見え」の範囲」にある対象物に対する共同注意が成立し、会話が成り立つのです。

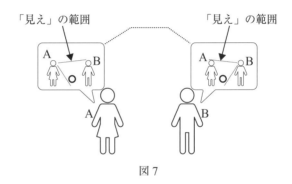

図7

そこで、これまで述べてきたことから、日本語話者の出来事の認識の仕方を次のように整理することができます。

(23) **日本語話者の出来事の捉え方(「場面内視点」)と言語表現**：
日本語話者は知覚と認識が融合した認知の仕方で出来事を把握することが言語習得の過程で慣習化している。そ

のため場面の中に自分をおいて直接インタラクションすることで出来事を捉える感覚で，出来事の中の何かをトピックにして，その出来事をそれが展開する順にたどるように言語化する。つまり，出来事を参照点／ターゲット認知で把握し，言語化する。

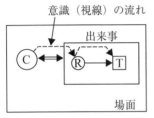

C：認知主体（話し手・聞き手）
R：参照点
T：目標物
⬌：直接的インタラクション

図8

そしてさらに言えば，このような日本語話者の出来事の認識の仕方は，日本語の特質を理解する上で非常に重要な意味をもちます。というのは，日本語が出来事を「推移」として表現する根源的な理由がここにあるからです。尾野 (2008) は (24), (25) に示されるように，日本語で書かれた絵本の英語訳や英語で書かれた絵本の日本語訳の多くの事例からこのことを詳細に論じています。

(24)　ぐりと　ぐらは，ドアを　あけました。
　　　<u>すると</u>，おおきな　ながぐつが　あります。

（『ぐりとぐらのおきゃくさま』）

Guri and Gura carefully open the front door and walk into their house. The first thing they see is a very large pair of boots. (*Guri and Gura's Surprise Visitor*)

(尾野 (2008: 59))

(25) <u>Summer</u> had been especially nice.

(*The Fall of Freddie the Leaf*)

<u>夏になると</u> フレディは ますますうれしくなりました。 (『葉っぱのフレディ』)

(ibid.: 44)

(24) の英語では，最初の文とそれに続く文の間にはつなぎのことばがなく，それぞれが独立しているのに対して，それに対応する日本語では，「すると」という接続副詞が挿入されており，二つの文によって表されている出来事を推移として表現しています。また，このことは (25) でも同様で，英語では summer という名詞が，日本語では「夏になると」という時の推移として表現されています。

1.2.2. 英語話者のモノや出来事の認識の仕方と言語表現

それに対して英語話者の場合には，たとえ先の (21) や (22) のような状況で，話し手と聞き手の間で対象物に対する共同注意が成立していても，(26), (27) のように主語や目的語を言語化する必要があります。

(26) It is beautiful.
(27) I bought it.

　では，英語話者の出来事の捉え方とはどのようなものなのでしょうか。結論から言えば，英語話者の場合には主語を義務的に言語化する必要があるため，記述対象の出来事を構造的に捉えるという認知操作を必要とし，そのために，その出来事をメタ認知するという認知過程を必然的に伴うことになります。つまり，メタ認知というのは自分自身の行為（知覚や理解等の認知活動）をモニターするという認知の仕方であるため，自分を含め出来事を脳内で客体視し，いわば場面の外からその出来事を観ている感覚が英語話者の出来事把握には慣習化しているということです。

　では，この場面の外から出来事を観ている感覚とは具体的にはどういうことなのでしょうか。そこでこの感覚を理解するために，ここでは窓から外の景色を眺めているという状況を思い浮かべてみましょう。このような場合，私たちはその景色全体をしばらくの間漠然と見ていることはあっても，通常は，その景色の中の何か特定のモノに目が留まるということは日常よく経験することです。たとえば，次の図9が窓から見える景色で，手前にある大きな木に目が留まったとしましょう。そうするとこの場合，その木がFigureとして認識されているということになります。そして，それと相対的に他のモノが背景化されてGroundとして認識されることになります。

図 9

　そして,実はこの Figure/Ground 認知が英語話者の出来事把握の根底にはあるのです (中村 (2009) 参照)。つまり,出来事の中の特定のモノを Figure として認識し,それを出発点としてその出来事を描写するということです。次の (28a, b) は,先に見た日本語の (18), (19c) にそれぞれ対応する英語の表現ですが,日本語とは語順がちょうど逆になっています。これは意識が向けられている本や部屋が Figure として認識されているために,それを出発点としてまず言語化し,それを特定するための要素を付加していくという語順になるためなのです。

(28) a.　the book on the desk in the room upstairs
　　 b.　#302, 12-25, Nishioka, Toyohira-ku, Sapporo, Hokkaido

　認知文法では,出来事の中で言語化されている要素は,そこに認知主体の意識が向けられ,Figure として認識されているからで

あるとして，その度合いを第一のFigure，第二のFigureとして区別し，それぞれをトラジェクター (tr)，ランドマーク (lm) と呼んでいます。そして，文構造ではトラジェクターが主語として言語化され，ランドマークが目的語として言語化されます。

もう少し詳しく言えば，英語話者の場合には，次の図10に示されるように，出来事を知覚・認識すると，主語を認識するためにその出来事をメタ認知し，いわば「出来事を構造的に捉える概念的鋳型」というフィルターを通してその出来事を認知処理しているということです。そしてその過程で，出来事の中の参与者 (participants) をFigure/Ground認知するということが慣習化し，それが言語話者の社会の中で「好まれる表現形式」として定着しているのです。

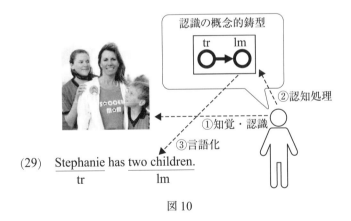

図10

そして，英語話者のこの認識の概念的鋳型の形成には，英語の

複雑な主語の概念を習得する過程が重要な役割を果たしていると言えます。つまり，次の (30a–c) の it の使い方を含め，英語話者の場合には主語の概念を母語習得の過程で学ばなければならず，その結果，いわば埋められなければならないスロットとして，概念的鋳型を脳内に構築することが必要なのです。

(30) a. It gets dark early in winter.
   （冬は日が暮れるのが早い）
   b. It's seven miles from here to Boston.
   （ここからボストンまで7マイルだ）
   c. It's too noisy in here.
   （ここはうるさすぎる）

そこで，以上のことから，英語話者の出来事の捉え方と言語表現の関係を以下のようにまとめることができます。

(31) **英語話者の出来事の捉え方（場面外視点）と言語表現**：
英語話者は母語習得の過程で知覚された出来事をメタ認知処理することが慣習化している。そのために，「場面の外から見る感覚」で出来事を認識し，その出来事の中で一番目立って認識されたモノに視点を置いて「A は B だ (A is B)」あるいは「A が B を〜する (A do B)」と表現する。つまり，出来事をトラジェクター／ランドマーク認知で把握し，言語化する。

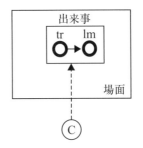

図 11

1.3. まとめ

　この章では，日本語と英語のそれぞれの性質を解き明かす上で極めて重要な両言語話者の出来事認識の仕方の違いについて明らかにし，日本語話者が基本的に「場面内視点」で出来事を把握することが慣習化しているのに対して，英語話者は「場面外視点」で出来事を把握する傾向が強いことを述べました。ここで傾向性という言い方をしたのは，この二つの視点は，先にも述べたように，知覚と認識が融合した状態での出来事の認知の仕方と，メタ認知による出来事の認知の仕方からくるものであり，私たち人間はそのどちらの認知の仕方もできるからです。そして，それが母語習得の過程で，それぞれの言語の「好まれる言い回し（fashion of speaking）」(Whorf (1956) 参照) を獲得することで，そのどちらかの視点が比較的慣習化してくるということです。そこで続く各章ではこのことを踏まえて，こうした視点の違いがどのように

日本語と英語のそれぞれを特徴付け,「日本語の感覚」「英語の感覚」を形成しているのかを見てみたいと思います。

第 2 章

空間認識と言語表現

認知文法の基本的な考え方は，先に述べたように，「言語表現は認知主体（話し手・聞き手）が出来事をどのように認識しているのかを反映している」ということであり，また，出来事の認識の仕方である認知操作は，私たちの日常の知覚作用に根ざしているということです。そこでこの章では，知覚上の遠近感覚が概念世界における認識上の遠近概念を形成し，このことが言語表現に表れていることを述べたいと思います。

そこでまず初めに，身近な例として this と that の意味について考えてみると，this は私たちが知覚上，認識上で「近くにあると感じているもの」を表し，that は「遠くにあると感じているもの」を表すと一般的に言えると思います。そして，この二つの区別から分かることは，私たちが何となくそれを近くに感じる心的な存在としての領域があるということです。そこで，このことを図示すると以下のようになります。ここでは近くに感じる領域を支配領域（dominion）と呼びます。

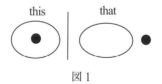

図 1

そして，この「空間の内・外」という認識が，私たちがあるモ

ノや出来事を捉える際の一般的な認知の一つの在り様だとすると，この遠近概念が言語表現に反映されると考えるのはごく自然なことです。そこでこの章では，空間（支配領域）の内・外という認知の在り様を反映している言語表現の例として，まず英語の不定詞・動名詞の使い分けと現在完了を取り上げます。そして，この「空間（支配領域）」を「場面」と捉えることで，日英語話者の時制の感覚や能動・受動の感覚の違いが「場面内視点」「場面外視点」の観点から自然に説明できることを述べたいと思います。

2.1. 英語の不定詞と動名詞

　この節では，英語の不定詞と動名詞を取り上げ，それが表す出来事と主語との関係を遠近概念の視点から考察し，不定詞は主語が「近くにあると認識している出来事」を表し，動名詞は「遠くにあると認識している出来事」を表すことを具体的な例を挙げて述べたいと思います。[1] そこでまず，少し抽象化して，「近い」・「遠い」ということから連想されるイメージについて考えてみると，以下のようなことが挙げられると思います。

---

[1] 上山（1987）では，不定詞と動名詞について名詞性の視点から詳細な分析がなされています。また，佐藤・田中（2009）は動名詞の ING はイメージやアイディアとして行為を捉えていると特徴付けています。

『近い』ということから連想されるイメージ：

a. モノや出来事が自分のコントロールできる範囲内にある

b. モノや出来事に自分が関与している（関係がある）

c. モノや出来事が自分に身近なことを表している

『遠い』ということから連想されるイメージ：

a. モノや出来事が自分のコントロールできる範囲の外にある

b. モノや出来事に自分が関わっていない

c. モノや出来事が自分にとって身近なことでない（むしろ一般的なこと）

この遠近感覚が確かに英語話者の不定詞と動名詞の使い分けに関わっていることは，次の文を見てみても分かります。

(1) a. Bill agreed to come with us.

　　　（ビルは私たちに同行することに同意した）

　b. I regret telling you that story.

　　　（私はあなたにあんな話をしたことを後悔している）

この (1a, b) では，(1a) の to come with us という出来事はまだ起こっていません。つまり，最終的に私たちと同行するかどうかは Bill の意志によるわけです。この意味でその出来事は Bill の支配領域内にあり，その実行可能性をコントロールできることから，その出来事が不定詞で表現されているのです。それに対し

て，(1b) の telling you that story はすでに実行されたことなので，I はその実現可能性をコントロールできません。つまり，この場合には I のコントロールが及ぶ支配領域の外にあるという認識となり，このことがその出来事を動名詞で表現することを動機付けているわけです。

この (1a, b) を観察している限りでは，不定詞は未来指向的で未完了の出来事を表し，動名詞は過去指向的で事実を表す，というこれまでの英語学の知見と変わりはなく，ただ，それを空間の内・外で言い換えただけのようにも思われます。しかし，そうではないことは，次の (2) を観察することではっきりします。

(2) Mary recommended buying the book.
　　（メアリーはその本を買うことを薦めた）

というのは，(2) では buying the book はまだ起こっていない未完了の出来事を表しているにもかかわらず，動名詞で言語化されているからです。ここで buying the book と動名詞になっているのは，買うのは Mary ではなく，Mary と話をしている相手であるという認識に基づいています。したがって，Mary はその出来事の実現可能性をコントロールできないことから，それは Mary の支配領域の外にあるということになるので，その出来事が動名詞で表現されているのです。

このように，出来事が不定詞で表現されるのか，あるいは，動名詞で表現されるのかというのは，それによって表される出来事

が主語の支配領域の内にあるのか，外にあるのかという認識の違いなのです。もっと言えば，不定詞が未来指向的で未完了の出来事を表し，動名詞は過去指向的ですでに完了した出来事を表すというのは，後で少し詳しく述べるように，むしろ主語の支配領域の内・外という認識から付随的に表れる性質ということになるのです。

この点で興味深いのは suggest という動詞です。というのは，次の (3a) では，主語の John は going together in one car という出来事に直接関与しており，提案者であることから，出来事の実現可能性をコントロールできるように思えるからです。しかし，この (3a) の意味をよく考えてみると，最終的な行為の実現には提案された聞き手の同意が必要であり，主語がその出来事を完全にコントロールできるということではないということになります。そして，このことは (3b) ではさらに明らかです。なぜなら，使用説明書を読むのは主語ではないからです。つまり，suggestという動詞の補部の出来事の実現可能性を左右するのは最終的には主語ではなく，提案された側にあるわけです。suggest の補部の出来事が動名詞で表現されるのはこのためなのです。

(3) a. John suggested going together in one car.
   （ジョンは一台の車で一緒に行こうと提案した）
 b. I suggested reading the instructions first.

(私はまず使用説明書を読むことを薦めた)

したがって，このような出来事認識の違いは次のように図示することができます。

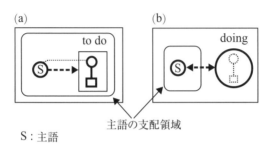

S：主語

図2

この図2で，不定詞によって表される出来事が四角で表示され，動名詞によって表される出来事が円で表示されているのは，両者が名詞性の度合いの点で異なっていることを示すためです。つまり，不定詞はコト的で，動名詞はモノ的ということです。

この動名詞が出来事をモノ的に把握したものだということについてもう少し付け加えると，出来事を近いと感じる領域の外に位置付けるということは，その出来事を客体化するということであり，このことがモノ的な存在という認識に繋がるのです。一方，図2(a) の不定詞を表している四角の中の円と小さな四角は行為者と行為を表し，その円が主語と点線で結び付けられているのは，両者が同一指示的であることを表すためです。また，図2(a,

b) の主語と不定詞・動名詞の間の破線矢印は，図 2(a) では主語の能動的な働きかけを表し，図 2(b) では主語と出来事との心的接触を表しています。

　この不定詞はコト的であり，動名詞はモノ的であるという不定詞と動名詞の名詞性の違いは，次の (4a, b) の文を観察してみることでも確認することができます。

(4) a. She once liked watching television and physical exercise both.
    b. *She once liked to watch television and physical exercise both.

　　（彼女はかつてはテレビを観るのも運動するのも両方好きだった）

(小西 (1980: 872))

上の (4a) では動名詞と名詞が and で等位接続されているのに対して，(4b) では不定詞と名詞が等位接続されており，前者は容認されるのに対して後者はそうではありません。これは等位接続構造では，互いに接続されている要素は意味的・機能的に等価でなければならないということからくるもので，したがって，この (4a, b) の事実から動名詞は名詞性が高いのに対して不定詞はそうではないということが分かります。動名詞は出来事が客体化されてモノ化したもので，それだけ概念的に自律性が高いということです。

この不定詞や動名詞で言語化される出来事の概念的な自律性の違いは，次の it 分裂文の容認可能性の違いからもうなずけます。

(5) a. I want to buy a new car.

　　　　（新しい車を買いたい）

　　b. *It was to buy a new car that I wanted.

(葛西 (1998: 116))

(6) a. John enjoyed playing the piano.

　　　　（ジョンはピアノを弾いて楽しんだ）

　　b. It was playing the piano that John enjoyed.

(Wierzbicka (1988: 84))

つまり，(5a) の to buy a new car は概念的に独立した概念ではなく，むしろ want to buy a new car で一つの意味的な単位をなしているため，(5b) のように不定詞補部のみを焦点化することができません。それに対して，(6a) の playing the piano は客体化され，自律性の高い概念として認識されているため，(6b) のように動名詞補部を焦点化することが可能なのです。

これまで不定詞や動名詞で言語化される出来事が，主語の支配領域の内あるいは外にあるという認識を反映していることを述べてきましたが，このことは，特に動詞が心的活動や心的反応を表す場合に顕著に表れます。そこで，次の文を観察してみてください。

(7) a. John claims to be the owner of the land.

　　　（ジョンはその土地の所有者だと主張している）

b. Mary wants to have chicken for dinner.

　　（メアリーは夕食に鶏肉を食べたいと思っている）

(8) a. I really appreciate your coming to see me.

　　　（来ていただいてほんとうにありがたく思います）

b. Bill enjoyed camping last weekend.

　　（ビルは先週末キャンプをして楽しんだ）

(7) の claim, want は不定詞のみを目的語に取る動詞で, (8) の appreciate, enjoy は動名詞のみを目的語に取る動詞です。そこでこの二つのタイプの文の主語の性質に着目してみると, (7) の主語の意味役割は「心的行為の主体 (agent)」であるのに対して, (8) の主語はむしろ「経験者 (experiencer)」であることが分かります。つまり, (7) では主語の John や Mary が不定詞で表されている出来事を意図的に引き起こそうとしているのであり, claim や want はその能動的な態度表明であるわけです。それに対して (8) では your coming to see me や camping という出来事が刺激となり, それが主語に appreciate や enjoy という感情を引き起こさせているということです。そこで, このことをまとめると以下のようになります。

(9) a.　S　　＋　　V　　＋　　to do

　　　〈動作主〉〈能動的感情〉〈目標となる出来事〉

b. S   +   V   +   doing
〈経験者〉〈受動的感情〉〈感情を引き起こす刺激〉

　そしてこの (9) の区別の妥当性は，不定詞と動名詞の両方を目的語に取る動詞の意味を考えることで一層明確になります。ここでは like と remember を例に取り上げ，それが表している意味と不定詞補部と動名詞補部の関係を見てみます。そこで，それぞれの語の意味とそれに対応する例文を観察してみてください。

(10) a. like
    1. If you like something or someone, you think they are interesting, enjoyable, or attractive.
    2. If you say that you like to do something or that you like something to be done, you mean that you prefer to do it or prefer it to be done.
   b. remember
    1. If you remember people or events from the past, you still have an idea of them in your mind and you are able to think about them.
    2. If you remember to do something, you do it when you intend to.

(*COBUILD*)

(11) a. I like sitting in the garden when it is fine.
   （天気のよいときには庭で座っているのが好きなんです）

  b. I like to go for a walk on Sundays.

   （日曜日には散歩に行くことにしています）

(12) a. I remember visiting Boston.

   （ボストンを訪れたことを覚えています）

  b. I remember to visit Boston during my stay in the United States.

   （アメリカ滞在中に忘れずにボストンを訪問してみます）

(10) の辞書的定義と (11a, b), (12a, b) の例文から分かることは，(10a, b) の like と remember のそれぞれの 1. の意味は「ある出来事によって誘発され，自然に主語の心に生じる感情」であるのに対して，2. の意味は「ある出来事に対して能動的に発動する感情」であり，この意味の違いが (11a, b), (12a, b) の文の目的語に動名詞を取るか不定詞を取るかという違いとなっているということです。

 この 2. の意味についてもう少し付け加えると，to 不定詞の to は，元々は「方向・着点」を表す前置詞であり，その後，to の後に動詞が置かれるようになったものですが，to 不定詞にもこの原義が保持されています。したがって，(12) を例に取り上げると，(12b) では「出来事に向かって remember する（心に留める）」という意味になり，その出来事が未完了だということが含意されることになるのです。それに対して，(12a) の動名詞の場合には出来事が客体化され，モノ化されており，その「モノの存在を

remember する (心に留める)」ということから，付随的にその出来事が完了したことが含意されるのです。

さらに付け加えると，このことは regret が動名詞を取る場合と不定詞を取る場合の意味の違いにも反映されています。

(13) a. We regret to inform you that you are to be dismissed next week.
(遺憾ながらあなたが来週解雇ということになりましたことをお知らせいたします)

b. John regrets telling you that story.
(ジョンはあなたにあんな話をして後悔している)

つまり，(13a) は一種の丁寧表現ですが，この丁寧ということ自体が主語の能動的な意志性の表れであり，そのために不定詞となるのです。一方，(13b) では telling you that story という出来事が John に regret という感情を引き起こさせていることから，その出来事が動名詞で言語化されているのです。

さらに言えば，imagine, fancy, visualize, envisage, consider のように「ある出来事が主語の心に浮かぶ」ことを意味する動詞が動名詞を目的語に取ることも，これと同じ原理によると言えます。

(14) a. Can you visualize living anywhere else?
(ここ以外に住むなんて想像できますか)

b. Can you imagine her doing such a thing?

(彼女がそんなことをするのを想像できますか)

つまり，ある出来事が心に浮かぶということは，それまで無かったものが現れるということであり，見方を変えれば，図 3(b) の破線矢印で示されるように，出来事が主語の支配領域に入ってくるということになるわけです。したがって，その前の段階ではその出来事は主語の支配領域の外にあるということになるのです。

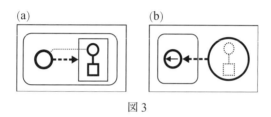

図 3

これまで述べてきたように，出来事が不定詞で言語化されるのか，あるいは動名詞で言語化されるのかは，その出来事が主語の支配領域の内あるいは外にあるという認識を反映しているということになるわけですが，実はこのことは，出来事の始まりや終わりの局面を表す相動詞（aspectual verbs）にも当てはまります。次の (15), (16) を観察してみてください。

(15) a. Mary began to hit John.

   ［出来事の出現に向けての力の行使］

 b. Mary began hitting John.

［結果としての出来事の出現］

この (15a, b) について Dixon (1984) は (15a) では Mary はステッキを振り上げたが，まだ John の頭に当たっていないのに対して，(15b) はステッキが John に当たっていることを表すと述べています。また，同様に小西 (1980) でも (16a, b) の例を挙げています。

(16) a. He began to say something, but his words broke into a rasping cough.
   （彼は何かを言おうとしたが，その声は耳ざわりな咳へと変わった）

   b. I started to interrupt, but he waved me to silence.
   （私は話しを遮ろうとしたが，彼は私に手を振って合図して黙らせた）

(小西 (1980: 121, 494))

相動詞というのは出来事の局面を表すものであり，これまで述べてきた動詞とは性質が違っているものの，不定詞を取るのか動名詞を取るのかに関して同じ原理が働いていると言えます。[2] な

---

[2] 相動詞は出来事の始まりや終わりの局面を表すため，出来事は相動詞から独立して存在しているということはあり得ません。したがって，先の (6b) とは違って，(ib) のように出来事を焦点化することはできません。
(i) a. John started snoring.
   b. *It was snoring that John started.

(Wierzbicka (1988: 84))

ぜなら(15a)の不定詞が,ステッキを振り上げるといった,主語の実際の行為の実現に向けての力の行使,いわば行為の助走を表しているということは,その行為をキャンセルできるということであり,その出来事は主語のコントロールの及ぶ支配領域の内にあるということになるからです。それに対して,(15b)の動名詞は出来事をモノ化したものであり,行為そのものが begin/start することを意味します。したがって,「キャンセル可能性(cancel-lability)」をもちません。つまり,コントロールの及ぶ支配領域の外にその出来事があるということになるのです。

これまで不定詞や動名詞によって表される出来事と主語との関係を遠近概念の視点から考え,主語の支配領域の内・外という認識の違いが,出来事を不定詞で表現するのか,動名詞で表現するのかに関わっていることを述べてきました。

実は,この違いは話し手とその出来事との関係にも同様に当てはまるのです。このことは次の例からも明らかです。

(17) a. To learn a foreign language is important for getting a better job.
   b. Learning a foreign language is important for getting a better job.
   (外国語を学ぶことは良い仕事に就くためには重要だ)

(17a)は話し手が自分の身近にいる特定の誰かに向かって「外国語を学ぶことの重要性」について話している場合の表現であり,

それに対して (17b) は特定の誰かにではなく，一般的に「外国語を学ぶことの重要性」について話している場合の言い方です。つまり，この違いは不定詞がコト的であるために，必然的にその行為の主体として「外国語を学ぶ」特定の行為者を想起しているのに対して，動名詞はモノ的であり，行為を客体化して一般概念として述べていることに起因しています。したがって，この場合の不定詞と動名詞の違いにも，話し手が「外国語を学ぶ」という出来事を近いと感じる領域の内にあるものとして認識しているのか，外にあるものとして認識しているのかが反映されているわけです。

そしてこのように考えると，次の容認度の違いも自然に説明がつきます。

(18) a. It would be a pleasure to assist you.
b. *It would be a pleasure assisting you.
(あなたを助けてあげられれば嬉しいのですが)

(18a, b) では法助動詞の would が使われており，これは話し手の心的態度を表す表現です。したがって，「あなたを助ける」という出来事は話し手の認識世界（支配領域）の内にあるわけです。そのため，その出来事を不定詞で表現した (18a) は自然ですが，(18b) のように話し手の支配領域内の出来事を，領域の外であることを表す動名詞で表現してしまうと容認されなくなってしまう

のです。

2.2. 英語の現在完了の本質

　前節では，主語や話し手の支配領域の内・外という認識の違いが，出来事を不定詞で言語化するのか，あるいは動名詞で言語化するのかに深く関わっていることを述べましたが，このような認識の違いは英語の現在完了を考える上でも重要です。というのは，英語の現在完了は「話し手が自分の経験領域に出来事をもっている」という認識を反映していると言えるからです。

　そこでまず初めに，次の例を見てみましょう。

(19) a. Please excuse my dirty clothes. I've been working in the garden.

　　　（きたない格好ですみません。庭仕事をしていたもので）

　b. Two prisoners have escaped from Dartmoor. They used a ladder which had been left behind by some workmen, climbed a twenty-foot wall and got away in a stolen car.

　　　（囚人2名がダートムア刑務所から脱獄した。彼らは作業員が置き忘れた梯子を使って20フィートの壁を登り，盗難車を使って逃げた）

　c. We have waited all day. (We are still waiting.)

（私たちは一日中待っている）

(19a-c) の言語事実から言えることは，(19a) のように話し手が現在の状況を説明するために過去に起こった出来事に言及したり，(19b) のように過去に起こった出来事を話題（topic）として「現在の談話空間（current discourse space）」に持ち込んだり，また，(19c) のように過去に始まり現在に至る状況を述べたりするために現在完了を使うということです。つまり，どの場合にも共通していることは，現在完了という表現形式は，その出来事が話し手の経験領域（あるいは「現在の談話空間」）に存在するということによって動機付けられているということです。そしてここで重要なことは，このような出来事の認識の仕方から，その出来事自体は過去でも，それが現在の談話空間に持ち込まれることで「過去の特定の時」という認識が薄れるということです。現在完了が特定の過去時を示す副詞句と共起できないのはこのような認識に起因すると言えます。

　また，この現在完了の性質についてもう少し付け加えると，この表現形式は「過去に起こった出来事が現在（発話時）にも有効であるという話し手の認識」に基づくものであると言えます。これは過去に起こった出来事というのは固定され変化しないので，それはいわばいつでも取り出せるということであり，have（の現在形）によって喚起される「現在の談話空間」にその出来事を投射したものが，現在完了と呼ばれるものの本質だということで

す。そこで，過去時制の表現と現在完了の表現での話し手の認識の違いを図示すると図4のようになります。

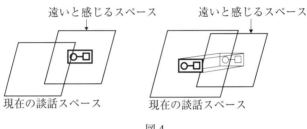

図4

したがって，過去時制は話し手が出来事を遠いものとして認識していることを表す言語手段であるのに対して，現在完了は元々は遠くに認識される出来事を，発話状況上，何らかの理由のために「近いと感じる空間」に投射する言語手段だということになります。[3]

　このような認識は英語教育上も重要です。というのは，現在完了の下位分類である「完了」「結果」「経験」「継続」という用法は，

---

[3] このような認識から，話し手がその出来事が何らかの点で遠いと感じる場合には現在完了は使われないということが自然に説明できます。
 (i) a. *Queen Victoria has visited Brighton.
　　b. *John has visited the park two days ago.
つまり，すでに故人となっている人や明確な過去を示す表現があると，いわばその認知空間に意識が向いてしまうため，遠い出来事という認識が働いてしまうのです。

図4(b) のイメージが根底にあり,発話の状況によって,そのうちのどれかとして理解されるということで,文自体にそのような固定した意味があるのではないからです。このことは,次の (20), (21), (22) を見てみると納得がいきます。

(20) a. Congratulations! You have been awarded a Free Gift Package. ［完了］

(おめでとうございます。あなたはギフトパックに当選されました)

b. My father has traveled from Europe to Asia many times. ［経験］

(父は何度もヨーロッパからアジアへ旅をしたことがある)

c. I've known the Smiths for a long time. ［継続］

(私は長年スミスさん一家を知っている)

(20a-c) は一般的な解釈としては ［ ］ 内で示される読みをもつのに対して,次の (21) はそうではありません。

(21) John has been in Boston since 1971. ［継続／経験］

この文は「ジョンは 1971 年以来ずっとボストンに住んでいる」という「継続」としての解釈と,「ジョンは 1971 年から何度かボストンにいたことがある」という「経験」としての解釈が可能であり,そのどちらの読みをもつかは発話の場面から語用論的に理解されることになります。また,次の (22a, b) のように,I have smoked cigarettes までは同じでも，その後に付加された情報によって解釈が決定される場合もあります。

(22) a. I have smoked cigarettes before, but not today.

［経験］

（以前タバコを吸ったことはあるが，今は吸っていない）

b. I have smoked cigarettes since I graduated from university. ［継続］

（大学を卒業してからタバコを吸っている）

このように考えてくると，現在完了という表現形式の使用条件は発話時における「出来事の有効性」だけであり，話し手はその不定の過去に端を発する出来事を話題（topic）として選択し，発話を構成しようとする場合に，それを現在完了という形式で「発話時の概念空間」上に概念化するということにすぎないということです。そして，それが発話の状況における語用論的要因によって一定の解釈を受けるということなのです。

2.3. 日本語の「た」の意味

前節では英語の不定詞と動名詞の違いと現在完了を例に取り上げ，こうした事象が知覚に根ざした認識上の遠近概念である主語や話し手の支配領域の内・外という視点から自然に説明できることを述べました。この節では，日本語の「た」が完了のアスペク

トを表すのか，あるいは過去時制を表すのかということも，実は認知領域の内・外（ここでは「場面内視点」「場面外視点」）に起因することを述べたいと思います。

そこでこのことを考える出発点として，日本語の話法について考えてみます。というのは，日本語は「直接話法」のみで「間接話法」はないからです（安西 (2000) 参照）。ではなぜ，日本語に間接話法がないのかというと，次の (23b) の英語の例のように時制を主節に一致させたり，I を he に置き換えたりというのは認知主体が「場面外視点」から客体的に出来事を捉えてはじめて可能となるのであり，この点で日本語話者は「場面内視点」で出来事を捉えるため，話法の転換ができ難いからなのです。

(23) a. John said, "I am a member of the team."
　　 b. John said that he was a member of the team.
(24) a. ジョンは「僕はそのチームのメンバーだ」と言った。
　　 b.??ジョンは彼がそのチームのメンバーだったと言った。

そのため，(24b) のような表現は不自然となるわけです。

このことについてもう少し詳しく述べると，「現在時制」「過去時制」という「時制」は「発話時」を基準としてその出来事が起こった時を相対的に位置付けるという認知操作を反映しています（工藤 (2004) 参照）。このことから英語話者は「場面外視点」であるために，出来事を客体的に捉えることができるので時制を決定しやすいのに対して，日本語話者は「場面内視点」でその場に臨

場しているように出来事を捉えるので,「た」が完了というアスペクトではなく,「過去時制」の標識として解釈されるためには,その出来事が「場面外視点」で捉えられていることを明示する必要があるわけです。[4] したがって,次の (25a, b), (26a) の「た」は完了のアスペクトを表しており,「た」が過去時を表すと解釈されるためには,(26b) のように「昨日」という過去時を表す表現が必要なのです。

(25) a. 宿題が終わったら,遊びに行ってもいいよ。
　　 b. 札幌駅に着いたら,電話を下さい。
(26) a. 彼はその車を手に入れた。
　　 b. 彼は昨日その車を手に入れた。

　もっと言えば,日本語の「た」は元々は完了のアスペクトを表していたものが,次の図5に示されるように出来事を「場面外視点」で捉え直すことで文法化され,その結果,過去時制を表すことが可能となったのです(中村 (2009) 参照)。

---

[4] 安藤 (1986) は英語と対照しながら日本語の動詞のテンスとアスペクトの問題を検討し,日本語ではアスペクトの範疇のみが有意義であることを豊富な事例を挙げて実証的に論じています。

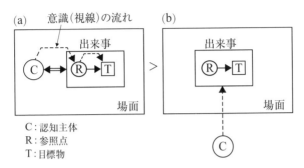

図5 完了の「た」から過去時制標識の「た」への認知モードのシフト

「場面外視点」で出来事を捉えるということは，図5(b)のように，メタ認知によってその出来事全体を視界の内に捉えるということであり，この「場面外視点」によって話し手の「今」を基準としてその出来事を位置付けることが可能となるのです。「時」の認識はこのように出来事を客体化してはじめて認識される概念であるということです。

一方，日本語話者が出来事認識の基本とする「場面内視点」では，出来事はその場に臨場しているかのように捉えられるので，次の (27a) のような二つの行為の連鎖では，それを順にたどるという心的な視線の移動（心的走査）を伴います。したがって，その行為連鎖全体が推移として捉えられることから，それを言語化すると「起きると」となり，「起きる」という行為の部分だけを客体視して「場面外視点」で捉えることはできません。(27b) の「起きたと」というように「起きる」を過去形にできないのはこの

ためです。また,「起きる」という行為が「場面内視点」で捉えられているということは,図 5(a) のような認識の仕方であり,動作の行為者は話題 (topic) としての役割であることから,「は」格で表示されます。それに対して,「が」格は「場面外視点」で出来事を捉えた場合の主語を表す標識であるため,(27c) のように「が」格も表れ難いわけです (尾野 (2008) 参照)。

(27) a. 太郎は<u>起きる</u>と,身支度を始めた。
       　　　TOP

b. ＊太郎は<u>起きた</u>と,身支度を始めた。
       　　　PAST

c.??太郎が起きると,身支度を始めた。
    　NOM

しかし,このことは日本語話者が「場面外視点」で出来事を認識することができないということを意味するわけではなく,一定の要因に動機付けられることで「場面外視点」で出来事を捉えることも可能です。その場合は,主語が「が」格,目的語が「を」格で表示されます。[5] 次の (28) で「が」格が用いられているのは,「太郎が部屋に入る」という出来事と「みんなが太郎に駆け寄

---

[5] 日本語では話題を「は」格で表示し,主語を「が」格で表示します。このことについて,熊谷 (2011: 80) は,「は」は述べたい事柄の範囲を表し,「が」はその範囲に含まれるものの中から要素を選ぶ役割をもつと主張しています。これを認知文法の観点から言い換えると,「は」格は参照点を表し,「が」格は認知主体が出来事をメタ認知し,その出来事全体の中で一番目立って認識されるモノ,つまりトラジェクターを表示する格ということになります。ここで興

る」という出来事が，異なる動作主によるそれぞれ個別の出来事であり，この二つの出来事を話し手が捉えるためには，いわば舞台の外からそれを観ることが必要だからです。そのため，出来事全体を「場面外視点」で客体的に捉えて，「太郎」を要として二つの出来事の因果関係を読み込むという認知操作が関わっており，この点で (27a) の同一人物の連続的行為（process）とは異なっています。[6] そしてその上で，その状況を「場面内視点」でその場に臨場しているような感覚で捉え直したために，二つの出来事が

味深い現象に日本語の「山が見える」のように眼前の状況を描写した「現象文」があります。この場合の「が」について少し付け加えると，たとえば，車窓から富士山が見えて，それを表現した以下の (ia-c) では，認識のレベルに差があります。
  (i) a. あっ，見えた。
     b. 富士山，見えた。
     c. 富士山が見えた。
つまり，(ia, b) とは異なり，(ic) は眼前の状況を一度認識のレベルで主語として捉え直していると言えます。

[6] このことに関しては，坪本 (1998) でも次の (ia, b) のように同一人物の二つの行為が連続している場合（A タイプ）と独立した二つの出来事の場合（B タイプ）を区別しています。
  (i) a. 太郎はオーバーを脱ぐとハンガーにかけた。(A タイプ)
     b. 花子が玄関に行くと，小包があった。(B タイプ)

(坪本 (1998: 120))

そして，(ib) では，S1 と S2 が表す内容には結びつきがないにもかかわらず解釈が可能であるのは，表現者の表現意図が反映されているからであり，表現主体（語り手）は S1 の主語と同じ空間にいて，その視点から状況を見るという「語り」の語法と言ってよいものがここに見て取れると述べています。本書では，この違いを「場面内視点」「場面外視点」という認識に帰することで，「は」格と「が」格の違いを含めて，より包括的に捉えられるのではないかと考えます。

「一事態化」され,「入ると」という表現で二つの出来事を連続体をなす推移として表現しているわけです。[7]

(28)　太郎が部屋に入ると,みんなが駆け寄ってきた。

したがって,このように考えてくると,日本語がその母語話者の事態認識である「場面内視点」の特徴を有する言語であるとしても,日本語話者が「場面外視点」で出来事を認識できないということではないということです。そして視点の転換が起こると,「が」格で主語がマークされるだけではなく,時制も付与されます。次の (29) では,「とき」は二つの出来事を客体化し,両者の間に成り立つ関係を表しています(尾野 (2008) 参照)。

---

[7] ここで「一事態化」というのは,本来的には二つの出来事を互いに関連付けて推移として認識し,全体を一つの出来事として捉え直す認知操作の意味で使うことにします。この場合は認知主体がその場に臨場しているように出来事を捉えるということになるので,「場面内視点」で生じる認知操作ということになります。実はこの認知操作は英語の懸垂分詞の容認可能性を考える場合にも重要です。「場面内視点」「場面外視点」というのは人間の出来事の認識の二つの在り様であり,基本的には「場面外視点」で出来事を捉える英語話者の場合にも,「場面内視点」で出来事を捉えることは可能です。次の (i) のように,英語の懸垂分詞が容認可能となるのは,この「一事態化」という認知操作に起因すると考えられます。
　(i)　However, walking in the evening by the side of the river, a boat came by.　　　　　　　　　　　　(Jespersen (1961: 408))
早瀬 (2009: 73-74) は英語の懸垂分詞構文について詳細に分析し,「非明示的ではあるが,概念化者の知覚プロセスが含意されているのが懸垂分詞構文の特徴なのである。[…] 概念化者の動作主的(認識)事態の結果,その概念化者に主節の状態・事態が知覚・認識されるというのが,構文全体の意味として与えられることになる。」と述べています。

(29) 太郎が家に着いたとき、花子はすでに出かけた後だった。

さらに付け加えると、次の (30a, b) の違いは同一の出来事をデフォルトである「場面内視点」で捉えるのか、視点を転換して「場面外視点」で捉えるのかということです。どちらの視点もとり得るわけですが、(31a, b) のようないわゆる「埋め込み文」では、その出来事を客体化して認識することになるので、必然的に「場面外視点」となり、「が」格で主語が標示されることになるのです。

(30) a. 太郎は部屋を片付けた。
　　 b. 太郎が部屋を片付けた。
(31) a. 太郎は［花子がその手紙を読んだ］ことを知った。
　　 b.??太郎は［花子はその手紙を読んだ］ことを知った。

2.4. 英語の現在時制と過去時制

前節で述べたように、日本語が基本的に言語話者の「場面内視点」を反映していることから、現在時・過去時という時を認識するためには、「場面外視点」という認知操作を必要とします。それに対して、英語は基本的に言語話者の「場面外視点」による出来事の把握を反映しているため、出来事を客体視して認識するのが基本です。そしてこのような認識の場合には、記述対象の出来事に対して認知主体は「近い」・「遠い」という認識を得やすいと言

えます。このことから，この節では，英語の現在時制は認知主体にとって近くに認識される出来事を表す標識であり，過去形は遠くに認識される出来事を表す標識であることを具体的な例を挙げて述べたいと思います。

そこでまず，次の (32a, b) を観察してみます。

(32) a. John is a student at this university.

(ジョンはこの大学の学生だ)

b. John graduated in German at this university last year.

(ジョンはこの大学でドイツ語を専攻して昨年卒業した)

(32a) は現在形で表現されていることから，その出来事は話し手の現在の現実の中にあると言えます。それに対して (32b) は話し手が出来事を過去に起こったこととして述べたものです。しかし，現在形・過去形がこのように現実世界の「時」と対応するとは限らないことはよく知られています。

このことは次の (33), (34a-c) からも明らかです。

(33) In November 1857, Charles Darwin's *The Origin of Species* was published in London. The central idea in this book is the principle of natural selection.

(1857年11月，チャールズ・ダーウィンの『種の起源』がロンドンで出版された。この本の主要な主張は自然淘汰の原理であ

る)

(34) a. My ex-wife was Mexican. I don't know where she lives now.

(私の前妻はメキシコ人だった。今ではどこに住んでいるかも知らない)

b. If Bill took a taxi, he would have a better chance of getting there in time.

(もしジョンがタクシーに乗れば，時間に間に合ってそこに着けるのに)

c. I hoped you would give us some advice.

(私たちに何か助言を頂ければと考えております)

(33)では最初の文が過去形で表現されているのに対して，2番目の文は現在形で表現されています。これは話し手が2番目の文の内容を現在も成り立つこととして認識していることを反映しています。それに対して，(34a-c)は認知主体が出来事を何らかの点で遠いこととして認識していることを表しています。具体的に言えば，(34a)では別れた妻を心理的に遠いものとして認識していることを，(34b)では「Bill がタクシーに乗る」という出来事の実現可能性を遠い(低い)ものと認識していることを，(34c)では相手(you)と心理的距離を置くことで丁寧な気持ちをそれぞれ表しています。

このことから，(34a-c)では過去時制は現実世界の過去時では

なく，認識上の「遠いという感覚」を表しているということになります。そしてここから言えることは，過去形とは図6のように，認知主体が記述対象の出来事を支配領域の外にあると認識していることを表す表現だということです。

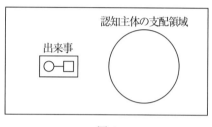

図6

したがって，図6に示される過去形の認知構造が時間的に過去の出来事を表すのは，「時の視点（時の認知ドメイン）」からこの認知構造が解釈され，図7のように，出来事が時間軸上に位置付けられる場合にすぎないということになります。

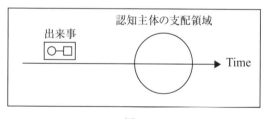

図7

また，先に，(34b) のように過去時制が実現可能性が低いとい

う否定的な意味を表すと述べましたが, このことが図6と確かに関係していることは, 次の (35a-c) の表現が否定的な意味をもつことから裏付けることができます。

(35) a. That is outside my field.
　　 b. The lecture is beyond my comprehension.
　　 c. His remark is beyond my endurance.

(35a-c) では, outside, beyond という表現が用いられており, これはまさに先の図6に示されるように, 何かが領域の外にあることを表しています。そのために「それは私の専門ではありません」,「その講義は私の理解を超えている (理解できない)」,「彼の言葉は私の我慢を超えている (我慢できない)」という否定の解釈をもつわけです。したがって, 何かが支配領域の外にあるという認識は, 確かに否定の概念と結び付いているのです。

　このように考えてくると, 学校文法では (36) を「条件文」, (37) を「仮定法」として区別して扱うのが一般的ですが, むしろこのことは「認知主体の支配領域」の視点から考えることで自然に説明でき, また, 母語話者の言語直感とも一致するように思えてきます。

(36) 　If it rains tomorrow, we may have to cancel the trip.
　　　　(明日雨が降れば, 旅行を中止しなければならないかもしれない)

(37) If I came into a fortune, I would give up working.
　　（金持ちになれたら，仕事を辞めるのに）

つまり，(36) の現在時制は (37) のような過去時制とは違って，If によって開かれる仮想の世界で条件文が表す出来事が起これば，その帰結として主節の出来事が起こるだろうという認知主体の認識を反映しており，この場合には「そのようなことは起こらないだろう」という否定的な意味はないわけです。

　そしてさらに言えば，このような遠近概念が現在形・過去形の区別に確かに関わっていることは次のような「時制の一致 (sequence of tenses)」の現象を見てもうなずけます。

(38) a. Mary is pregnant.
　　b. John said that Mary was pregnant.
　　c. John said that Mary is pregnant.
　　　（ジョンはメアリーが妊娠していると言った）
(39) Sally told me that John is very depressed.
　　（サリーは私にジョンが落ち込んでいると言った）

(38a) の文を文の一部とした (38b), (38c) を見ると，前者では過去時制，後者では現在時制で表現されています。これはもちろんどちらかが間違いというのではありません。このことは (39) でも同様です。結論的にはこのことは，認知主体が目的語節の出来事をどのように捉えているのかという違いであると言えます。

具体的には，(38b) は次の図 8(a) のように，発話時の話し手が，主語である John の視点から目的語節の出来事を捉えた表現であり，そのため John が言った時点での出来事として解釈されます。それに対して (38c) は，図 8(b) のように，話し手が自分の支配領域内にあるものとして出来事を捉えていることを示しています。

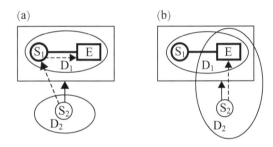

S_1: 主節の主語，D_1: 主節の主語の支配領域
S_2: 話者，D_2: 話者の支配領域，E: that 節の出来事
--▶：話者が that 節の出来事を認識する経路
──▶：出来事全体に対する話者の認識

図 8

(38c) のように目的語節が時制の一致を受けずに現在形となっているということは，その出来事を前景化 (foregrounding) して捉えているということで，このことがその出来事が発話時も成り立つという認識に結び付くのです。これは (39) についても同様です。したがって，(38c), (39) の文はそれぞれ Mary is pregnant, John is very depressed についての文として理解されます。それ

に対して，(38b) のように時制の一致が生じている文の場合にはJohn についての文であり，彼が何を言ったのかということを，発話時から述べた文として理解されます。

　ここで注意が必要なことは，(40) のような think などの思考動詞の場合です。というのは，思考動詞では義務的に「時制の一致」が生じるからです。

(40) a.　John thought that Bill loved Mary.
　　 b.　*John thought that Bill loves Mary.
　　　　（ジョンはビルがメアリーを愛していると思った）

これは思考動詞の場合には，目的語節の出来事はその思考がなされている間，つまり，(40) で言えば，John が思っている間のみ存在するということになるので，必然的に John の視点から補部の出来事を捉えることになり，時制の一致が義務的に生じることになるのです。

2.5. 日英語話者の能動・受動の感覚の違いと言語表現

　この節では「場面内視点」「場面外視点」からくる能動・受動の感覚の違いについて述べたいと思います。英語の学習では「受動文」は避けては通れない文法項目であることは言うまでもありませんが，実際は日本語話者にとって英語の受動文はやっかいなものの一つであると言えます。

そこでまず，次の二つの文を見てみましょう。

(41) a. John broke the vase.

 （ジョンは花瓶を割った）

 b. The vase was broken by John.

(41a, b) は同一の状況をそれぞれ視点を変えて，つまり，(41a) では John の視点から，(41b) では the vase の視点から述べたもので，どちらも文法的には正しい文です。しかし，実際にはこの状況を表現しようとした場合には，(41a) のほうが自然です。逆に言えば，(41b) の文はその前の文脈で花瓶が話題になっているような場合でなければ使われないのです。つまり，英語話者は次の図9のように動作主 (agent) の視点から出来事を捉えて能動文で表現するのが一般的だということです。

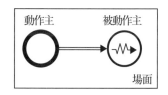

図9　英語話者の出来事の把握の仕方

2.5.1. 英語の受動文の表現効果

では英語話者はどのような場合に受動文を使って出来事を表現するのでしょうか。結論から言えば，その典型的な使い方は「視

点の一貫性」あるいは「結束性（cohesion）」ということです。[8]

(42) a. The Prime Minister stepped off the plane.

（首相が飛行機から降りてきた）

b. Journalists immediately surrounded her.

（報道記者たちがすぐに彼女を取り囲んだ）

c. She was immediately surrounded by journalists.

（彼女はすぐに報道記者たちに取り囲まれた）

(Brown and Yule (1983: 130))

そのため，(42a) は the Prime Minister について述べられた文であるため，それに続く文としては，視点を一定に保ち she を主語にした (42c) のほうが (42b) よりも自然なのです。

　もう一つの受動文の特徴は「動作主をデフォーカスしたときの表現形式」ということです。つまり，「動作主を意図的に隠す」ということです。このことは受動文の約 80％ は by 〜 という表現がないことからもうなずけます。そこで，この「動作主をデフォーカスする」ことからくる受動文の表現効果について簡単にまとめておきたいと思います。

(43)　受動文の表現効果

　　1.　by 〜 を言わないことで「伝えたいこと」を一般的な

---

[8] 上山 (1985) では機能的な視点から受動文について詳細に分析し，説得力のある議論がなされています。

こととして伝える
2. by 〜 を言わないことで押し付けがましさをなくして丁寧な表現として伝える。

この表現効果は次のような身近な例をみても明らかです。

(44) a. I believe that John is the best candidate for that job.
（私はジョンがその仕事の一番の候補者だと思っている）
b. It is believed that John is the best candidate for that job.
（ジョンはその仕事の一番の候補者だと思われている）

(45) a. I request you to submit the document no later than September 21.
（私はあなたに9月21日までに書類を提出するよう依頼します）
b. You are requested to submit the document no later than September 21.
（あなたは9月21日までに書類を提出するよう求められています）

(44a) では「私が思っている」というように特定の個人的な感情ですが，(44b) のように受動文にすることで，「一般的にそう思われている」というように出来事を一般化して伝えることができます。また，(45a, b) では，(45a) のように「私が依頼する」と言

うと特定の個人の願望となり、押し付けがましく感じられる場合もあるため、(45b) のように受動文にすることで押し付けがましさがなくなり、その分、丁寧な表現になるのです。

このように英語話者にとって受動文とは「視点の一貫性」や「動作主をデフォーカスすることによる出来事の一般化」を表す表現手段であり、非常に論理的な動機付けが強いということです。それに対して、日本語の受動文はこれとは全く違っています。というのは、先の (41b) の英語の受動文をそのまま日本語に置き換えると (46a) のようになるわけですが、これは自然な日本語ではないからです。むしろ、同じ状況を自然な日本語で表現しようとすると (46b) のようになるのです。

(46) a. ??その花瓶はジョンに（よって）割られた。
　　 b. ジョンに花瓶を割られた。

この (46b) は一般に「被害受け身（迷惑受け身）」と呼ばれているもので、実は日本語の本来の受け身表現はこの「被害受け身」で、「賞が与えられた」というような「直接受け身」は英語などの西洋言語が日本に持ち込まれたために生じた表現なのです（加賀野井 (2005) 参照）。

2.5.2. 日英語話者の出来事認識と能動・受動の感覚

このことに加えて、日本語話者にとって英語の受動文がやっかいな理由として、日本語話者の場合には、英語話者のように出来

事を「能動・受動」のどちらかとして明確に意識しながら話すという感覚が乏しいということがあります。ではなぜ，英語話者は「能動・受動」の意識が明確であるのに対して，日本語話者はそうではないのでしょうか。結論から言えば，このことも，第1章で述べたそれぞれの言語話者の出来事の捉え方の違いに起因すると言えます。つまり，同じ出来事や状況を言語化する場合，次の(47), (48) のような違いがでるのは，日本語話者は次の図10(a) のように視野の中にあるもののみを表現する傾向が強いために，行為者 (agent) という認識が希薄なのに対して，英語話者は図10(b) のように出来事全体をメタ認知して認識して表現する傾向が強いために，行為者と行為の対象との関係概念として出来事を認識しやすいということです。

(47) a. あ，われちゃった。
    b. Oh no, I broke it.
(48) a. 山がみえる。
    b. I see a/the mountain.

(Hinds (1986: 53))

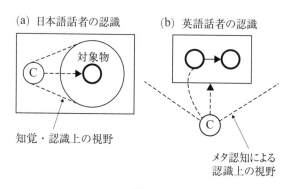

図 10

　もう少し詳しく言えば，英語話者の場合には母語である英語を習得する過程で「文には必ず主語が必要」であるために，動作主が話し手自身であっても，それを言語化する必要があり，そのために出来事をメタ認知して捉えることが慣習化しているということです（英語の主語の習得の重要性については Tomasello (2003) を参照）。それに対して，日本語話者は図 10 (a) のように知覚上の「見え」をそのまま認識して言語化することが慣習化しているので，行為者が話し手自身の場合には，自分自身は「見え」の範囲にはないので意識されることはなく，意識が向けられるのは対象物やその状態変化であり，その部分が言語化されることになります。

　このことは，たとえば，あなたが手を洗っているときの自分の「見え」を考えてみることでも確認できます。つまり，そのときのあなたの「見え」の中にあるのは次の図 11 のような状況であり，

あなた自身は「見え」の中にはいません。そのため，この状況をことばで表現すると「手を洗う」となるのです。

図11

そして，このように「見え」のままを言語化するということが習慣化して言語社会内で一般化すると，そこから自然にでてくる帰結は，「主語（行為者）」という概念に対する意識が希薄化するということであり，その結果，その行為それ自体で完結しているように感じられてくるということです。日本語では「手洗い」「豆まき」「歯磨き」というように，行為そのものを名詞化しやすいのはこのためです。そして，このように「行為 (process)」そのものに意識が向けられるという認識のために，日本語では，「行為者」を明示することが必要な場合には，それを「話題（Topic）」として付加し，「は」格で表示されるわけです (Shibatani (1991), Ikegami (1991) 参照)。したがって，この意味で日本語は「能格性」が強い言語だと言えます。[9]

---

[9] 世界の言語を格組織の観点から分類すると，その主要なものに「主格／対格型言語」と「能格／絶対格型言語」があります。認知文法ではこの「対格性」と「能格性」の違いを単に格組織の問題というよりはむしろ，事態を概念化す

そして，この日英語話者の出来事の認識の違いのために，英語は「他動詞」が基本形であるのに対して，日本語は「自動詞」が基本形ということになるのです (Ikegami (1991), 二枝 (2007) 参照)。このことは日本語の「驚く」等の身近な例をみてもうなずけます。つまり，日本語では「驚く」は自動詞で，それを基本形として「させる」を付加することで「驚かせる」という他動詞をつくります。それに対して英語は surprise という他動詞が基本形です。実は，ここに日本語話者が英語の受動文を理解する場合の難しさが潜んでいるのです。というのは，次の (49a) から (49c) の日本語の自動詞表現を英語で表現しようとすると，以下に示されるように「〜される」という受動的な発想に置き換えて表現する必要があるからです。

　　　　（日本語話者の発想）　（発想の転換）
(49) a.　困った　　　　　　　困らせられた
　　　　　　　　　　　　　　（I was annoyed.）

る二つの仕方の違いと考えます。つまり，(ib) に示されるように，主格／対格型言語の場合には概念化の出発点は動作主であるのに対して，能格／絶対格型言語の場合には，(ic) に示されるように，モノの状態変化が概念化の出発点で，それに行為者が付加される認識を反映しているということです。
　(i) a.　John broke the vase.
　　 b.　John ⇒ vase（主格／対格型言語）
　　 c.　(vase break) ＞ (John ⇒ (vase break))　（能格／絶対格型言語）
Langacker (1991) ではどの言語も主格／対格型と能格／絶対格型の両方の性質をもっており，その言語でどちらが優勢かという問題であると述べています。

b. 恥ずかしかった　　　恥ずかしがらせられた
(I was embarrassed.)
c. あわてた　　　　　あわてさせられた
(I was upset/confused.)

2.5.3. 英語の他動性の違いを表す表現手段

　前節で述べたように，英語話者は出来事をメタ認知して捉えることが慣習化していることから，出来事を「する側」と「される側」という対立で理解する傾向が強いと言えます。このために，英語では他動詞が基本形ということになるわけですが，先に日本語では自動詞が基本形で，「させる」を付加することで他動詞をつくる仕組みがあることをみましたが，逆に英語は他動詞を自動詞化する仕組みを備えています。つまり，この仕組みによって他動性（transitivity）の度合いを下げることができるということです。この節では，英語という言語が他動詞の自動詞化に，どのような言語的な仕組みを備えているのかをみておきたいと思います。

　そこでまず思い当たるのは次の (50a–c) のような受動文です。

(50) a. I was surprised at the news.
　　　　（私はその知らせに驚いた）
　　b. I was bored with his lecture.
　　　　（私は彼の講義にうんざりした）
　　c. I was excited at the news.

（私はその知らせにうきうきした）

というのは，(50a-c) は形式的には受動文ですが「受身」の意味を表しているわけではないからです。結論的にはこのことは，surprise, bore, excite の目的語は行為の受け手というよりはむしろ経験者であるために，出来事を経験者の視点から述べた受動文は，その経験者がある経験をしたことを述べたものということになるのです。つまり，過去分詞にすることで自動詞化したということであり，「受身」の意味を表しているわけではないのです。

　また，他動性を下げる仕組みということでは，(51a-c) のような再帰構文もあります。再帰構文は形式的には能動文ですが，能動の意味ではありません。

(51) a. The newspaper unfolded itself in the wind.
　　　（新聞紙が風で広がった）
　 b. The bag opened itself.
　　　（バッグが開いた）
　 c. An idea formed itself in my mind.
　　　（ある考えが心に浮かんだ）

(二枝 (2009: 110))

(51a-c) の再帰構文は形式的には他動詞構文ですが，主語と目的語の指示対象が同一であるために，主語が動作主であるという点では能動態であっても，主語と同一指示である目的語の参与者に

動作が及ぶという点からは受動的であるわけです。したがって，この構文は能動態と受動態の両方の性質をもっているということになるのです。

さらに，この他動性の度合いを下げる方策として，興味深い表現形式に (52a, b) のような「中間構文」もあります。

(52) a. The door opened only with great difficulty.

(ドアがやっと開いた)

b. A good tent puts up in about two minutes.

(良いテントは2分もあれば張れるものだ)

(ibid.)

(52a, b) の中間構文も形式的には能動文ですが，行為者が特定されておらず，行為の対象である参与者が主語として言語化されている点で受動態に似ているわけです（詳細な分析に関しては二枝 (2009) を参照）。

英語話者は出来事を「能動／受動」の対立で捉える傾向が強いため，図 12(a), (b) に示される再帰構文や中間構文の形を用いることで「能動・受動」の対立をいわば中和するのです。

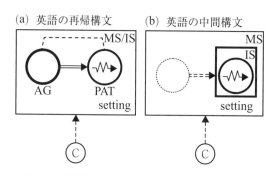

AG: agent (動作主)
PAT: patient (被動作主)
setting：出来事の場面
maximal scope (MS)：最大スコープ (概念化の内容すべてを含んだもの)
immediate scope (IS)：直接スコープ (この部分が言語化の対象となる)

図 12

2.5.4. 日本語の「ラレル」構文

先に 2.5.1 節で，英語の受動文 (41b) を自然な日本語で表現すると (46b) のように「被害受け身」になると述べましたが，実はこの日本語特有の「被害受け身」という表現形式は，日本語話者が能動・受動の感覚を持ち難いことと関係があるのです。というのは，この構文は出来事が話し手に与える影響を問題にした表現であり，出来事それ自体が能動か受動という問題ではないからです。そのため，出来事そのものは次の (53)，(54) のように自動詞表現でも他動詞表現でもよいのです。

(53) a. 雨に降られた。

　　b. 友達に来られた。

　　c. 赤ちゃんに泣かれた。

(54) a. スリに財布を取られた。

　　b. 花子にコンピューターを壊された。

(a) 自動詞文の被害受け身　　(b) 他動詞文の被害受け身

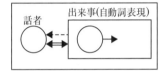 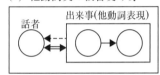

図13　被害受け身の構造

では,「被害受け身」を含めて日本語の「ラレル」構文の本質とは何でしょうか。このことを考えるために次の (55a-e) を観察してみましょう。

(55) a. あの失敗が悔やまれる。［自発］

　　　　　　　（事態に対する認知主体の自発的な感情）

　　b. ジョンは刺身が食べられる。［能力］

　　　　　　　（認知主体の直接体験による主語の能力）

　　c. このキノコは食べられる。［可能］

　　　　　　　（認知主体の経験知からの判断による対象の属性）

  d. 出された料理を全部食べられた。[意図成就][10]

（認知主体の直接体験）

  e. 犬に顔をなめられた。[被害受身]

（認知主体の直接体験）

(55a) は出来事に対する話し手の自然発生的な感情であり，(55b) は意図的 (volitional) な能力ではなく，むしろ許容できるという意味での能力です。また，(55c) は話し手が自分の経験知で対象を判断しているのであり，(55d) は話し手の直接体験であり，(55e) は「犬が（私の）顔をなめる」という直接体験した出来事に対して話し手の心に自然にわき起こる感情（不快感）を表す言語表現です（尾上 (2003) 参照）。

 したがって，このことから，「レル」「ラレル」という表現は次の図 14(a) に示されるように，本来的には認知主体（話し手）が対象と直接インタラクションすることによって，その対象が刺激となり，図 14(b) に示されるように，その結果生じた感情を含めた価値判断を表す表現形式であるということができます。

---

 [10] この (55d) は，ここでは話し手の直接体験を表すデータとして挙げています。しかし発話状況によっては，出された料理を誰か他者に全部食べられたという被害受け身としての解釈も可能です。このことをご教示頂いた尾野治彦氏に感謝いたします。

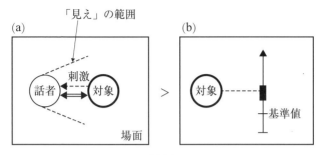

図 14

そしてこのように考えると,「ラレル」が敬語表現で使用されることも自然に説明がつきます。つまり,次の (56) を例に取れば,敬語用法は「先生が来る」ということを価値判断の対象として認識し,そのことに対する話し手の価値判断がなされた結果が「ラレル」という表現になって言語化され,慣習化したものと考えることができます。

(56) 先生が来られた。[敬語表現]

これまで日英語話者の出来事の捉え方の違いから,英語話者の場合には出来事を能動・受動のどちらかとして明確に意識するのに対して,日本語話者の場合には能動・受動の意識が希薄であることを述べてきました。むしろ日本語話者の認識の根底にあるのは「被害受け身」という独特の表現形式からも分かるように,出来事それ自体の能動・受動というよりも,むしろ話し手と出来事の影響関係であり,話し手がその出来事と直接インタラクション

することによって自然にわき起こる感情や価値判断を「ラレル」という表現で表し，そうした一部に日本語本来の受け身表現である「被害受け身」があるということにすぎないということです。

それに対して，英語の受動文は言語話者の慣習化された出来事のメタ認知を反映しており，「視点の一貫性」や「動作主をデフォーカスすることによる出来事の一般化」という，論理的な動機付けを反映した構文です。このような違いから，日本語話者にとって英語の受動文は一般的に考えられている以上に習熟するのにはやっかいな構文であり，両言語話者の出来事の認識の違いを踏まえ，その上で英語の受動文を理解することが重要だと言えます。

2.5.5. 英語の受動文再び

最後に，英語の受動文についてこれまで触れていなかったことについて述べたいと思います。それは受動文の主語は概念的自律性（conceptual autonomy）がなければならないということです（Ruwet (1991) 参照）。そこでまず初めに，その具体例として以下の文を観察してみましょう。

(57) a. They took a walk across the field.
    （彼らは野原を散歩して横切った）
　　b. *A walk was taken across the field.
(58) a. We took a ten-minute break between classes.

(私たちは授業の間に10分間の休憩をとった)

b. A ten-minute break was taken between classes.

(57), (58) の文の take は「軽動詞 (light verb)」と呼ばれるもので，何かを「する」という行為を一般化して提示し，その具体的な内容を目的語の名詞で表現するという形式を取ります。したがって，この種の動詞の場合には，(59a-d) のように，「軽動詞＋目的語」で一つの意味のまとまりを形成していると言えます。

(59) a. to have a rest (= rest)
   b. to make a decision (= decide)
   c. to take a bath (= bathe)
   d. to give a cry (=cry)

さらに言えば，この軽動詞構文では軽動詞は行為をスキーマ的に表し，その具現形が目的語によって表されていることから，目的語の名詞は「出来事性 (eventivity)」を意味の一部に含んでいます。したがって，軽動詞構文の目的語は概念的に依存的な概念を表しているということになります。このために，それを主語にした受動文は (57b) のように容認されません。それに対して，(58b) が容認可能なのは，rest に a ten-minute が付加されることで文の主語 (we) とは独立的に存在する客体化された概念として解釈されるからです。

同様のことは同族目的語構文やイディオム内部の目的語の場合

にも当てはまります。同族目的語とは (60a, b) のように記述対象の行為を名詞化し,本来は目的語を取らない自動詞の直後においた表現です。したがって,本来的には目的語ではありませんし,また,同族目的語が表す概念の存在も行為がなされている間に限られることから,それを受動文にした (61a, b) は容認されません。

(60) a. John smiled a nervous smile.

   (ジョンは不安の笑みをうかべた)

   b. Mary laughed an unpleasant laugh.

   (メアリーは冷ややかに笑った)

(61) a. *A nervous smile was laughed by John.

   b. *An unpleasant laugh was laughed by Mary.

しかし,次の (62b) は容認可能です。これは叫び声がある一定のタイプの叫び声ということで,その行為者とは独立して存在すると認識されるからなのです。

(62) a. *A blood-curdling scream was screamed by one of the campers.

   (身の毛もよだつような悲鳴がキャンパーによって叫ばれた)

   b. The blood-curdling scream that they had all heard in countless horror movies was screamed by one of the campers.

(ホラー映画で何度となく聞いたあの身の毛もよだつような悲鳴がキャンパーによって叫ばれた)

(Langacker (1991: 363))

　さらにこのことはイディオム内部の目的語についても同様です。そこで，次の (63) と (64) の対比を観察してみてください。

(63) a.　Mary caught sight of Jane in the crowd.
　　　　　(メアリーは人ごみの中でジェーンを見かけた)
　　 b.　*Sight was caught of Jane in the crowd.
(64) a.　They took good care of the orphans.
　　　　　(彼らは孤児たちの面倒をよくみた)
　　 b.　Good care was taken of the orphans.

ここでもイディオム内部の目的語が受動文の主語になれるかどうかは，その目的語名詞が客体化されて，概念的に自律的として認識されるかどうかということになります。この点で catch sight of の sight は catch sight で一つの動作（行為）として認識されるため，それだけ概念的自律性が低いということになります。それに対して，take care of では，care は「世話」というように，特定の行為者を想起することなく概念化され得るほど一般化された概念として確立しています。この意味で care は概念的に自律的な概念として認識することができるので，それを主語とした (64b) は容認可能となるのです。

第 3 章

視点と言語化

この章では「視点と言語化」の問題を取り上げ，認知主体がモノや出来事をどの視点から捉えているかが言語表現に影響を与えることをみます。これまで，日本語話者の場合には知覚と認識が融合した認知の仕方が慣習化しているために，「見え」をそのまま表現するという表現の仕方となり，「場面内視点」で出来事を捉える傾向が強いのに対して，英語話者の場合には出来事を認識世界でメタ認知し，「場面外視点」で出来事を把握する傾向が強いことを述べてきました。このような視点の違いは当然言語表現の違いとなって現れるわけですが，この章では特に日英語の冠詞の発達の有無，また，日英語話者の集合の認識の仕方の違いや日英語の二重目的語構文，そして日本語の「の」と英語の NP's N と the N of NP を取り上げ，こうした違いを「視点と言語化」という観点から考えてみたいと思います。

3.1. 日英語における冠詞の発達の有無

　英語には a と the という冠詞の体系が発達しているのに対して，日本語はそうではないことは周知のことです。この節では，実はこの違いにも「場面内視点」「場面外視点」という日英語話者の出来事の認識の違いが大きく関わっていることを述べたいと思います。

そこでまず初めに，a と the という冠詞が言語の中でどのような機能を果たすのかを考えてみます。結論から言えば，冠詞は言語コミュニケーションの中で，名詞によって指示される対象が聞き手の認知空間にあるものかどうかを話し手が推測して，それに付ける標識ということになります。

このことは次のような身近な例からもうなずけます。

(1) a. I saw a stray dog in front of your house.
  （君の家の前に野良犬がいたよ）
 b. I was not able to sleep last night because the dog was barking.
  （犬が吠えていたので昨夜は眠れなかった）

(1a) では a dog と不定冠詞が用いられているものの，この場合，問題になっている犬は話し手にとっては自分が見た特定の犬です。それにもかかわらず a が使われているのは，話し手は聞き手がその犬の存在を特定できないと判断しているからです。それに対して，(1b) では the dog となっており，これはその犬の存在が，たとえば，自分たちが飼っている犬あるいは隣人の飼っている犬など，特定できる犬のことだということが聞き手には分かるという話し手の判断を表しています。つまり，a と the というのは，その指示対象が聞き手の知識や記憶を含めた認知空間の中に存在しているかどうかに基づいて，話し手が使い分けるわけです。

そこで，なぜ日本語では冠詞の体系が発達していないのかというと，結論から言えば，「場面内視点」で出来事を認識することが慣習化している言語社会では，冠詞による上記のような名詞の指示物の区別は必要ないからだということになります。先に1.2節で，日本語では眼前にある指示物を言語化する必要がないことを述べました。そのため，話し手と聞き手が視野を共有しているような場合には，その視野の中にある指示物は言語化の必要がないわけです。また，このことは眼前に指示物がない場合でも同様で，(2) のような会話では，日本語話者の想起する概念世界上の場面は，過去の自分自身の視野からの「見え」をそのまま再現したものであるため，話し手と聞き手がその出来事を共有できれば，その中の特定の対象物を話題にしていることが理解でき，会話が成り立つわけです。

(2) A: あのCDどうした？
    B: 買っちゃったよ。　　　　　　　　　　(=第1章 (22))

したがって，このような「場面内視点」による視野が慣習化している日本語話者にとっては，次のような表現に何の違和感もないのです。

(3) 国境の長いトンネルを抜けると雪国であった。

(川端康成『雪国』)

つまり，(3) は主人公が列車の車窓から眺めた「見え」のままを

ことばで表現しているわけですが,この (3) が日本語話者に自然に感じられるのは,知覚と認識が融合した「見え」のままの認識が慣習化しているために,主人公と同様に列車の車窓から外の景色を眺めている感覚になるからなのです。[1]

このことは次の例でも同様です。

(4) 太郎はポケットに手を入れた。

この文では,誰のポケットで,誰の手で,手は片方か両方か等が全く示されていませんが,日本語話者にとっては何の違和感もありません。直接体験による知覚と認識が融合した出来事の認識が慣習化している日本語話者にとっては,知覚されているものは言語化の必要はなく,誰のポケットで,手が片方か両方かを言語化するかしないかということは,出来事をどの程度くわしく記述するかということでしかないのです。

もっと言えば,この知覚と認識が融合した認識の仕方というの

---

[1] ここでの主張は,池上 (2002) が以下のように述べていることからも支持が得られます。

(i) この主人公の独白のようなことばは,この作品を書いている語り手のことばでもある。[…] つまり,語り手は作品の主人公と一心同体化してしまっているわけである。[…] 読み手も主人公の眼を通して情景に接し,[…] 語り手も読み手も作品の主人公もいわば合体してしまい,そこには〈語る主体〉と〈語られる客体〉,〈読む主体〉と〈読まれる客体〉という対立は解消されてしまうわけである。

(池上 (2002: 82-83))

なお,この引用は尾野治彦氏からご教示頂いたものであり,氏に感謝いたします。

は，指示対象と共に状況がまるごと認識されているということでもあります。このため，発話状況から名詞の指示対象の在り様が分かるわけです。次の (5a) の消しゴムは，話し手と聞き手の両方の視野にない消しゴムを指している場合や，話し手の視野の中にあって聞き手の視野にはない消しゴムを指している場合など，いくつかの状況が考えられます。また，(5b) では，話し手が新聞等で知った情報を聞き手に伝えている状況であることは容易に想像できます。日本語話者にとって，こうした状況の違いを冠詞のような手段で区別する必要がないのは，たとえ指示対象が眼前にない場合でも，その指示対象を含めた状況を「視野の記憶」から再生することでそれを認識することができ，その結果，視野が共有されるからなのです。

(5) a. 消しゴム貸して？
　　b. 昨日，火事があったんだって。

そして，このように日本語話者が母語習得の過程で獲得する「視野の共有」が，出来事の中の名詞の在り様を聞き手の認知空間に在るか無いかによって区別するということを必要としないことに繋がり，そのために英語の a や the に相当する言語手段がないわけです。

このことに関してさらに付け加えれば，英語の a は名詞が不特定の可算名詞であることを表すのに対して，日本語には名詞を可算か不可算かで分けるという区別がありません。このことも日本

語話者の「場面内視点」と密接に結びついていると言えます。日本語話者の場合には知覚と認識が融合した認識の仕方であるために,「本」は固体として認識し,「水」は液体として認識しているという点では区別があるものの,それをさらに可算・不可算としては区別しません。これは「見え」のままの認識としては「固体」と「液体」は区別できても,それを可算・不可算として認識するためには,その対象を概念世界（脳内）でメタ認知して,1.1節で述べたように,境界（boundary）を認識できるかどうかという点から捉え直すことが必要となるからです。

　それに対して,英語話者の場合には「場面外視点」で出来事を認識することが慣習化しているわけですが,実はこのような出来事の認識の仕方が,名詞の指示物がどのようなモノかという,その在り様を明確に示さなければならないことに繋がっているのです。というのは,この「場面外視点」という出来事の認識は,知覚した出来事を脳内でメタ認知することが慣習化した出来事の認知の仕方であり,話し手と聞き手はそれぞれの概念世界で,メタ認知処理して描いた出来事を言葉で記述するということになるからです。そのため,このような認知処理の場合には,話し手や聞き手の眼前にある対象物であっても,日本語とは異なり,それを(6b)のようにitで言語化することが必要となるのです。

(6) a.　貸して？
　　 b.　Can I use it?

したがって，このような認識では，名詞が概念そのものを表しているのか，名詞によって指示される概念の具体的な事例を表しているのか，あるいは，文脈や日常経験の知識から唯一的に特定できるモノを指しているのかを明確にする必要があります。そのために，それぞれを (7) のように，「無冠詞名詞」「a 名詞」「the 名詞」で表すのです。

(7) a. 無冠詞名詞： 一般的な概念としてのモノを指す
　　b. a 名詞： 特定の概念の一つの具体例としてモノを指す
　　c. the 名詞： 唯一的に同定（特定）可能なモノを指す

つまり，記述対象をこのように区別できるのは，その対象をメタ認知することで，次の図 1 に示されるように，対象がどの概念空間に属するのかを認識できるからなのです。

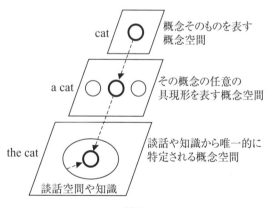

図 1

具体的な例を挙げれば，次の (8) の drama や ritual は「演劇」「儀式」という概念を表しており，それぞれが無冠詞名詞なのは，英語話者がそれを概念そのものを表す概念空間上のモノとして認識しているからです。

(8) There are many theories about the beginning of drama in ancient Greece. The one most widely accepted today is based on the assumption that drama evolved from ritual.

(古代ギリシャの演劇の起源については諸説がある。今日最も広く受け入れられている説は演劇が儀式から発展したとする仮説に基づくものである)

それに対して (9) の an industrial nation に不定冠詞の an がついているのは，それが「工業国」というカテゴリーの一つの具体的な事例であるという認識によるのです。

(9) The US Civil War began in 1861 and lasted for 4 years. As a result of the war, the United States became truly unified for the first time and it had also become an industrial nation of international importance.

(アメリカ南北戦争は 1861 年に勃発し 4 年間続いた。その戦争の結果，アメリカ合衆国は初めて真の意味で一つになり，国際的に重要な工業国となった)

また，次の (10) で the roof というように定名詞句になっているのは，アナサジ族の家が話題になっているために，「屋根」といえば当然その家の屋根を指していると唯一的に決まるからです。[2]

(10) The Anasazi lived in houses constructed of adobe and wood. Anasazi houses were originally built in pits and were entered from the roof.
(アナサジ族は日干し煉瓦や木材でできた家に住んでいた。アナサジ族の家は元々は穴の中に作られ屋根から中に入るようになっていた)

さらに言えば，このような日英語話者のモノの認識の違いは，集合の捉え方の違いにも反映されており，そのために日本語では名詞の複数形が未発達であるのに対して，英語では複数を表す形態が発達しています。そこで次節では，日英語話者の集合認識と類別詞の発達の関係について述べたいと思います。

3.2. 日英語話者の集合の認識の違いと日本語の類別詞の発達

言語は情報伝達の手段であるばかりでなく，私たちの認知活動の重要な一部であることはすでに第 1 章で述べました。私たちが世界をどのように認識するかということは，その世界をどのよ

---

[2] (8), (9), (10) の英文は ETS TOEFL 公式問題集から借用。

うに切り分けているかということであり，そこには当然私たちの認知操作が深く関わっているわけです。つまり，私たちは固有に有している基本的な認知能力によって，能動的に世界と関わりをもっているのです。この認知能力にどのようなものがあるのかはすでに第1章で見ましたが，この「世界の切り分け」という認知操作には「複数のモノをその類似性に基づいてグループ化する能力」，つまり，カテゴリー化する能力が深く関わっていると考えることができます。

　そして，モノを通しての世界の切り分け方を言語から見てみると，身近な例としては「可算名詞と不可算名詞（物質名詞）」の区別や，「男性名詞，女性名詞，中性名詞」という文法的性の区別，東南アジアや東アジアの言語に見られる豊かな「類別詞 (classifiers)」の体系などがあります。そして日本語も類別詞を有する言語ですが，日本語の場合には「本」「匹」「頭」「台」などが数詞に付加されることから数詞類別詞 (numeral classifier) と呼ばれており，基本的にその指示領域が (11) のように「人間，動物，無生物」で区別されています。

(11) 類別詞の指示領域
 a. 人間に使われるもの………「人」「名」「方」
 b. 動物に使われるもの………「匹」「羽」「頭」「尾」
 c. 無生物に使われるもの……「つ」「個」「本」「枚」「粒」
           「台」「冊」

この節では，日英語話者の集合の認識の仕方の違いから，英語では複数形態素が発達しているのに対して，類別詞はそれほど発達しておらず，逆に日本語では複数形態素が未発達であるのに対して，類別詞が発達しているのはなぜかを認知的な原理に基づいて考えてみたいと思います。

　そこでまず言えることは，英語話者の場合にはモノを認識する場合に，それが「可算名詞」なのか「不可算名詞」なのかという視点が慣習化しており，前者に属するモノが複数ある場合にはその名詞に複数語尾を付加するのに対して，日本語話者の場合にはこの区別が母語の習得の中でそれほど意識されていないということです。そのため，(12a, b) のように，英語の可算名詞は複数では複数語尾が付加され books となるのに対して，日本語では「本」は「本」のままとなります。しかし，この場合，日本語話者が「本」を不可算名詞（物質名詞）として認識しているかというと，そうではなく，認識のレベルでは「複数の本」という認識はあり，ただ形態論的に複数を表す形態素が付加されていないだけではないかと考えられます。

(12) a.　This library has many historically valuable <u>books</u>.
　　 b.　この図書館にはたくさんの歴史的に重要な<u>本</u>がある。

　この点で興味深いのは次の (13a, b) の言語事実です。というのは，実際に池にたくさんの魚がいる状況を表現したこの英語と日本語では，どちらの言語でも複数語尾は付加されないという事

実があるからです。

(13) a. There are a lot of fish in the pond.
   b. 池にたくさんの魚がいる。

つまり，英語では fish は「可算名詞」ですが，その複数を表示するために通常使われる複数語尾は付加されません。[3] 先に第1章で，私たちの概念形成には知覚が大きな役割を果たしており，「可算名詞」「不可算名詞」の概念世界での認識的な違いは，前者が境界（boundary）を認識できるのに対して，後者はそうではないことを述べました。そしてその具体例として「鶏」と「鶏肉」を挙げました。この境界認識の有無ということからさらに言えば，「可算名詞」は「内的異質性（internal heterogeneity）」という特徴があり，「不可算名詞」は「内的均質性（internal homogeneity）」という特徴があります。つまり，「鶏」はその一部である「鶏冠」の部分だけでは「鶏」としては認識できませんが，「鶏肉」の場合にはそれを細かく切ってもそれを鶏肉と認識できるということです。

このことから言えば，認知レベルでは英語の book も fish も，また，日本語の「本」も「魚」も一定の形をもち，境界を有する

---

[3] 'deer', 'sheep', 'swine' 等の不変化複数は OE の時代からあり，そのほとんどが強変化中性名詞で，これらの名詞が複数形をもたなかった理由として，通例，狩りの獲物（game）として集合的にとらえられているためであると安藤（2002）は述べています。さらに言えば，'fish' はいくつかの種類があることを表現する場合には 'fishes' と複数形になります。

実体 (bounded entity) であり,個体として認識されている点では同じです。したがって,この認識から考えると,英語の fish の複数形態素はゼロ形態であると言えるわけですが,このことと日本語の可算名詞の複数は常にゼロ形態であるということを考え合わせると,両者には何らかの共通の認知操作があると考えてよいように思われます。結論的には,このことは,図2に示される〈統合的スキーマ〉認知と〈離散的スキーマ〉認知の違いであると考えられます (山梨 (2000) 参照)。

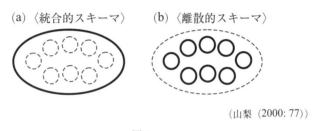

(山梨 (2000: 77))

図2

ここで〈統合的スキーマ〉認知というのは,集合の成員を統合された単一的な存在として把握する認知の仕方であり,〈離散的スキーマ〉認知というのは,集合の個々の成員に焦点を当てて認識する認知の仕方です。成員の集合を〈統合的スキーマ〉で把握するか〈離散的スキーマ〉で把握するかは,認知主体がその対象を認識する際の認知操作によるのであり,どちらのスキーマで把握することも可能であることは (14a, b) が示す通りです。

(14) a. There was a large audience in the theater.
（劇場には多くの観客がいた）
b. The audience were deeply impressed.
（観客は深く感銘を受けた）

(ibid.)

　そこで，このことを英語話者と日本語話者に当てはめてみると，英語話者は解釈（construal）に応じてどちらのスキーマも活性化して対象を把握することができるのに対して，日本語話者の場合は〈統合的スキーマ〉による把握の仕方が母語習得の過程の中で慣習化しているということです。そのため英語の可算名詞に対応する対象物の集合を認識する場合にも，概念的には複数認識はされてはいても，〈統合的スキーマ〉でそれを把握するので，複数を表示する形態素が発達しなかったと考えることもできるわけです。つまり，日本語話者の出来事の認識は知覚と認識が融合した認知の仕方が基本であり，「見え」のままを知覚・認識するということになるので，このような出来事の認識では，たとえば，たくさんの本があるという状況はその全体が知覚・認識され，その成員を個別化して認識しているわけではないのです。[4]

---

[4] ここでの主張は池上（2009: 431）の次の主張とも重なります。
　(i) 　［…］名詞の表わす対象の個数については，どうであろうか。話者が現場臨場的なスタンスで事態把握をするとすれば，語によって表わされる対象の個数は，直接知覚され，確認されるコンテクストの一

しかし，このことに関しては反論もあり得ることは確かです。というのは，日本語の名詞は複数が常にゼロ形態で表示されているのかというと，必ずしもそうではないからです。具体的に言えば，使用範囲はかなり限定されており，人間について言う場合がほとんどですが，(15)に示されるように「達」「等」「方」がその例です。

(15)　私／私達，彼／彼等，先生／先生方

また，(16)に示されるように，複数の表示方法として「同語反復」という表現方法もあります。

(16)　人人，山山，家家，木木，峰峰，花花

このような表現の認知メカニズムについては，さらに研究を深め

　　　部になる。その意味で，具体的に何個か特定化する必要がない限り，有徴的に複数であることを表示する必要もないということではないだろうか。

つまり，ここで知覚対象が「コンテクストの一部になる」というのは，知覚と認識が融合した認知の仕方に起因するとも言えるからです。このことを踏まえて「知覚対象の個数がコンテクストの一部になる」とはどういうことかを考えてみると，特定の1冊に意識が向けられない限りは，漠然とたくさんの本があるという認知の仕方ということになります。そしてたくさんの本があるという状況を「コンテクスト」とすると，この状況そのものが目立って認識され，個々の本はいわばその全体に埋没して認識されているということになるため，ここでいう〈統合的スキーマ〉認知ということになります。

　なお，この引用は尾野治彦氏からご教示頂いたものであり，氏に感謝いたします。

ることが必要ですが，この種の表現形式がかなり限定されたモノにしか使われないことから，日本語の大きな特徴としてはほとんどの場合，名詞の複数がゼロ形態で表示されることに変わりはありません。[5]

そこで，日本語話者のモノの認識が基本的に〈統合的スキーマ〉によるとすると，この考え方をさらに推し進めることで，日本語が類別詞の豊かな言語である理由の一端を見ることができます。この点で興味深いのは，日本語ではモノを数える文脈でしか類別詞が使われないということです（今井 (2010) 参照）。つまり，この「数える」という認知プロセスの過程で，日本語話者の認知操作として類別詞が必要となるということです。具体的に言えば，日本語話者の複数のモノの認識が基本的に〈統合的スキーマ〉による認知であることから，その成員を焦点化し，数を問題にしようとすると，必然的にある種の認知操作が必要となり，その言語的な現れが類別詞であると考えることができるのではないかということです。

---

[5] この (16) のような「同語反復」による複数形の動機付けの一つは，私たちの知覚体験がその根底にあるように思われます。つまり，日常の知覚体験の中で視野の中に複数の実体が存在している状況を，このような言い方で複数表示するということが一つの表現の方法として定着したものだということです。そのため，日常の知覚体験上，視野の中に複数の存在がある状況が稀な場合，それを「同語反復」によって複数表示すると奇異な感じがするのです。より正確に言えば，「同語反復」が可能かどうかは，そうした状況が自然の一部にあるかないか，ということであり，「川川」「犬犬」のような言い方ができないのはこの理由によると思われます。このことをご教示頂いた尾野治彦氏に感謝いたします。

では類別詞とはそもそも何なのでしょうか。また，どのように発達したのでしょうか。この根源的な問いを考えるヒントになるのは，私たちが第1章で挙げた「複数のモノを類似性や近接性に基づいてカテゴリー化する能力」をもっており，この能力を活性化して世界を切り分けているということです。このことは私たちがある対象物を知覚し，それが何であるかを識別するときにすぐに明らかになります。というのは，このような場合，私たちはその対象物の特徴的な，あるいは弁別的な要素に着目して，それをグループ化しているからです。この意味で，ここで問題にしている類別詞は，まさに私たちがモノを「匹」「頭」「本」「冊」等のどのグループに属するのかを識別するためのものだということです。

　そして，モノをカテゴリー化する類別詞がその言語社会で慣習化されると，それがその対象物を認識するための補助的役割を担うようになるのは当然の帰結です。つまり，参照点（モノを想起する目印）として機能するということです。次の(17)では，「匹」はネコのような小動物の参照点として機能するので自然ですが，(18a, b)では，「羽」は「馬」の参照点にはならず，また，「頭」も「ネコ」の参照点とはなり難いために不自然になってしまうのです。

(17)　二匹のネコ
(18)　a. *一羽の馬
　　　b.??一頭のネコ

さらに言えば，類別詞は元々はその対象物の一部を表す語であったり，また，それと関係の深いモノを表す語であったものが文法化 (grammaticalization) したもので，その文法化の動機付けには人間の基本的な認知能力である「参照点／ターゲット認知」やそれを反映したメトニミーという現象が深く関わっていると考えられます。[6]

(19) a.　二<u>羽</u>の鳥
　　 b.　十<u>頭</u>の馬
　　 c.　五<u>冊</u>の本
　　 d.　<u>魚</u>三尾
　　 e.　箪笥一<u>竿</u>

そして，このように元々は内容語であったものが文法化して機能語化することで類別詞へと発達し，ある特定のカテゴリーを表すようになったということは，類別詞は抽象的概念を表しており，それに属する成員のタイプを表しているということになります。つまり，「二匹のネコ」を例に取ると，「匹」は「ネコ」をその一部として包括するタイプを表しているということであり，その結果として，「匹」と「ネコ」の関係はタイプとその具現形の関係に

---

[6] 文法化とは，元々は内容語（名詞，動詞，形容詞等）であったものが，意味の希薄化 (semantic bleaching) によって機能語（助動詞，接続詞，前置詞等）になる現象です。この点で「2匹のネコ」と「ネコ2匹」では後者のほうが文法化がさらに進んでいると考えられます。

なっているということです。

　そこで以上のことを踏まえ，日本語の類別詞の機能について考えてみると，日本語では「数える」という行為に伴って類別詞が用いられるということが重要なヒントになります。というのは，第1章で日本語話者の出来事の把握の仕方が参照点／ターゲット認知であることを述べましたが，このことからすると，全体と部分では全体のほうが目立って認識されやすいことから，集合体は〈統合的スキーマ〉で認識されやすいということになります。したがって，その成員を「数える」ためには，個々の成員を焦点化（前景化）するという認知操作が必要であり，そのために，特定のタイプを参照することで集合の中の成員を焦点化することが必要となるのです。言い換えると，そのタイプの容器に具現形を入れることで数を数えるという認知操作をするということです。

　そして，このような場合になぜ複数が発達しないのかというと，「一匹目のネコ」を処理した後に「二匹目のネコ」に意識を移行し，それを数える段階では，「一匹目のネコ」が処理済みとして意識内には存在するので，「数える」という認知処理が累積的な処理となるからです。つまり，「一匹」「二匹」と数だけが増えることになるわけです。

　これまで述べてきたことをまとめると，私たちが集合を認識する仕方には図2で見た〈統合的スキーマ〉認知と〈離散的スキーマ〉認知があり，そのどちらの認識の仕方も可能ですが，出来事の認識の仕方との関係から言えば，参照点／ターゲット認知では

「全体の空間」が目立って認識されることから，〈統合的スキーマ〉認知と結びつきやすいと言えます。それに対して，トラジェクター／ランドマーク認知では場面の中の特定の参与者を Figure として認識するため，〈離散的スキーマ〉認知と結び付くということになります。そして，母語習得の過程でどちらかの認識が優勢となり，それが言語表現の違いとなって表れてくるわけです。

日本語話者の場合には複数のモノの認識が〈統合的スキーマ〉でなされ，全体を一つの集合として認識することになるので，その結果複数の成員がいても単数で言語化される（換言すれば，複数を表す体系が未発達である）と考えることができます。それに対して，英語話者の場合には複数のモノを〈離散的スキーマ〉で認識するため，個々の成員に視点があり，そのため，それが複数形で言語化されると考えられます。

3.3. 日英語の二重目的語構文

この節では日英語の二重目的語構文について考えてみます。まず，次の文を比較してみましょう。

(20) a.　John gave Mary a book.
　　 b.　ジョンはメアリーに本をやった。

ここですぐに気付くことは，英語では動詞の後に二つの名詞が並列されているのに対して，日本語では「に」「を」という格助詞が

付加されているということです。

　また，(21a) のように，英語では何でも二重目的語構文で表現できるというわけではありません。

(21) a. ??Christopher sent the library a book.
　　 b.　クリストファーは図書館に本を送った。

実はこの違いは大きな意味をもちます。というのは，英語の二重目的語構文では間接目的語が受領者（receiver）として解釈できない場合には容認されませんが，(21b) のように，日本語にはそのような制約はないからなのです。もう少し詳しく言えば，日本語の「に」格は場所や空間を表す名詞に伴って「方向や着点」を表すのが基本的な使い方なので，次のように言うこともできるのです。

(22) a.　次郎は壁に絵を飾った。
　　 b.　順子は花壇に花を植えた。

　このような違いに加えて，英語では二重目的語構文を前置詞文で言い換えることもできるのに対して，それに対応する日本語はむしろ有標と言えます。

(23) a.　John gave a book to Mary.
　　 b.　ジョンは本をメアリーにやった。

つまり，(23b) のような表現はある特定の本がすでに話題になっ

ており，その本をどうしたかという談話（discourse）の中で使われると自然ですが，このような状況でなければ，通常は(20b)のほうが自然だということです。

3.3.1. 日本語の二重目的語構文の特徴

では，なぜ日本語では通常は(20b)の表現を用い，(23b)は不自然なのでしょうか。このことを考えるヒントは，第1章で述べた日本語話者の出来事の捉え方にあります。つまり，日本語話者の場合には，何かを目印にして出来事をそれが展開する順にたどるという，参照点／ターゲット認知による認識の仕方が母語習得の過程で慣習化しているということです。そのため，人とモノでは人のほうが目立って認識されやすいことから「人にモノを〜する」という表現になるわけです。

このことに加えて，日本語の場合には英語のfor前置詞文に対応する二重目的語構文の場合，つまり，通常は動作主と対象物という二つの項で意味が完結する出来事の場合には，(24a, b)のように「てやる」や「てあげる」という補助動詞を付加するのが一般的です。

(24) a. 花子は史郎に誕生日ケーキを焼いてやった。
    b. 私は次郎に本を買ってあげた。

実はこのことも，日本語話者の出来事の捉え方が関係しているのです。つまり，英語の二重目的語構文では，「買う」「焼く」とい

う行為と間接目的語と直接目的語の「所有関係」という結果状態を一つの構文として表現するのに対して，日本語話者の場合には，出来事の連鎖を参照点構造で順にたどるという認識になるため，「買う」と「やる」という行為のそれぞれを言語化し，その全体をひと続きの行為である行為連鎖として「買ってやる」と表現することになるからです。

では，日本語の二重目的語構文の受動文についてはどのようなことが言えるでしょうか。そこで次の (25) を観察してみましょう。

(25) a. 太郎は次郎に本を与えた。
　　 b. 次郎は本を与えられた。
　　 c. 本が次郎に与えられた。

(25b), (25c) に示されるように日本語の場合には，英語とは違い間接目的語も直接目的語も受動化することができます。この英語の受動文については次節で詳しく述べたいと思います。しかし，この日本語の受動文については，先に第2章でも述べたように，本来的には間接受動文（被害受け身）が基本で，直接受け身は英語などの西洋の言語の影響によるものです。そのため，以下に示されるように，受動文にすると被害受け身として解釈される場合が多いと言えます。

(26) a. 先生は生徒に歌を歌った。

b. 生徒は歌を歌われた。
(27) a. 花子は順子に手紙を送った。
   b. 順子は手紙を送られた。

このようなことから，日本語の場合には受動文が被害受け身ではないと解釈されるために「てもらう」という受益構文で表現することが慣習化しています。

(28) a. 生徒は歌を歌ってもらった。
   b. 順子は手紙を送ってもらった。

 そして，この (28) の「てもらう」という表現には，日本語話者の出来事の捉え方の重要な側面が表れていると言えます。というのは，この「もらう」は本来的には授与動詞ですが，この「授与」という行為から受ける「恩恵」という心的な側面が「てもらう」構文には色濃く表れているからです。客観的な事実としては (28a) は歌が生徒のために歌われたということであり，(28b) では手紙が順子のために送られたということで，「てもらう」という部分は認知主体がこうした客観的な事実をどのように捉えているのかを表しているわけです。

3.3.2. 英語の二重目的語構文と前置詞文（SVO to NP）

 この節では，英語の二重目的語構文（SVOO）とそれに対応する前置詞文（SVO to NP）が，英語話者のどのような認識を反映

しているのかを述べたいと思います。[7] そこでまず初めに，二重目的語構文の典型例として図3のような「2人の人がいてモノが一つある状況」を思い浮かべてみましょう。

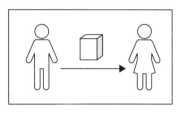

図3

このような状況で起こり得る出来事を挙げてみると，「与える」「貸す」「送る」などが考えられます。そして，ここで重要なことは，このことを言葉にして表現する際に二つの捉え方があるということです。

このことに関して，Langacker (1986) は，動詞によって表される行為によるモノの移動に視点が置かれている捉え方と，その移動の結果に視点が置かれている捉え方があり，この違いが (29a, b) という表現の違いとなって表れると述べ，それぞれを図4のように図示しています。

(29) a. John sent a Christmas card to Mary.
　　 b. John sent Mary a Christmas card.

---

[7] 奥野 (1989)，大庭 (2011) では二重目的語構文に用いられる動詞をグループ分けし，詳細な分析がなされています。

(ジョンはメアリーにクリスマスカードを送った)

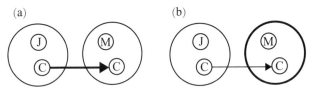

(Langacker (1986: 14))

図 4

そして、この捉え方の違いから、次の (30a) では方向を表す to が言語化されていることから、小包を送ったという事実に視点があり、そのため、それが届かなくても矛盾はありません。しかし、(30b) は送った結果に視点があるので、この場合にはメアリーが小包を受け取ったことが含意され、そのために (30b) は矛盾が生じ不自然な文となるのです。

(30) a. I sent the package to Mary, but she didn't get it.
　　 b. ?I sent Mary the package, but she didn't get it.
　　　（私はメアリーに小包を送ったが、彼女はそれを受け取っていなかった）

この二つの捉え方の違いは、二重目的語構文の構文としての意味を考える際には確かに重要ですが、この節では少し視点を変えて、図 3 の出来事の捉え方として次の二つの観点に着目し、二重目的語構文と前置詞文の違いを (31) のように整理してみたいと

思います。

> 1. 人と人の関係として出来事を伝える
> 2. 人とモノの関係として出来事を伝える

(31) a. 話し手が「人と人の関係に意識が向いている」ときには二重目的語構文で表現する。

b. 話し手が「人（主語）とモノの関係に意識が向いている」ときには to/for 前置詞文で表現する。

そこで，この観点から次の文を観察してみてください。

(32) a. **John** gave **Mary** a book.

b. **John** gave **a book** to Mary.

そうすると，(32a, b) の違いは，(32a) では話し手は「John と Mary の間で何が起こったのか」ということに関心があり，(32b) では「John は a book をどうしたのか」ということに関心があるという違いだということになります。

では，英語話者のこの二つの出来事の捉え方はどこからくるのでしょうか。結論的にはこのことも，先に第 1 章で述べた英語話者の出来事把握の特徴に起因すると言えます。英語話者はその母語習得の過程で出来事を脳内でメタ認知し，概念世界で認知処理

して理解することが慣習化しており，その認知処理の過程で出来事の中の特定の要素を Figure として認識して，全体を Figure/Ground 認知します。したがって，このメカニズムから，「人と人の関係」を Figure として認識するのか「人とモノの関係」を Figure として認識するのかで，その表現方法（言語化）が異なってくるということになるわけです。

そしてこのことは，次のように，(33b), (34b) が容認されないことからも納得がいきます。

(33) a.　Mary gave John a kiss.

　　　　　（メアリーはジョンにキスした）

　　 b.　*Mary gave a kiss to John.

(34) a.　Mary lent John a hand.

　　　　　（メアリーはジョンを手伝った）

　　 b.　*Mary lent a hand to John.

つまり，(33), (34) では a kiss や a hand はモノではなくキスする行為や手助けするという行為を表しており，このような場合には出来事を「人と人の関係」としか認識することができないからなのです。[8]

そして，このように二重目的語構文が「人と人の関係に意識を向けた表現」だと分かると，次の各文の (35c), (36c) が容認され

---

[8] この (33b) は kiss が「投げキッス」という意味であれば容認可能です。これは kiss が「モノ」のように感じられてくるからです。

ないことも理解できます。

(35) a. Kristen sent Frank the letter.

　　　　（クリステンはフランクに手紙を送った）

　　b. Frank was sent the letter.

　　c. *The letter was sent Frank.

(36) a. Stephanie told the child a bedtime story.

　　　　（ステファニーは子供におとぎ話を話してやった）

　　b. The child was told a bedtime story.

　　c. *A bedtime story was told the child.

つまり，二重目的語構文は「人と人の関係に意識を向けた表現」であるため，(35b), (36b) のように，受動文でも人が主語になっていれば問題ありません。しかし，(35c), (36c) のようにモノが主語になると，二重目的語構文の表現の意図とは異なることになってしまい不自然になるのです。

では「モノを主語にした受動文」で表現したいときにはどうするかと言うと，その表現効果をもつ前置詞文を受動文にするということです。つまり，前置詞文は「人とモノの関係に意識を向けた表現」であることから，(37b) のように，その中の「モノ」を主語にして表現することができるのです。

(37) a. John gave the book to Mary.

　　b. The book was given to Mary.

3.3.3. 出来事の捉え方と二重目的語構文

　先の図3のようなイメージとその表現形式（SVOO）の対応関係が慣習化し固定してくると，元々は「人とモノの関係」を表す(38)のような出来事でも，そこにもう1人登場することで「2人の人とモノの関係」となり，図3のイメージに一致すると，(39)のように，SVOOという表現形式でその出来事を記述することができます。しかし，これはgiveのように本来的に「2人の人とモノの関係」を表すのではありませんから，このような場合には「人とモノの関係」に意識を向けた場合は，(40)のようにSVO for NPという表現となります。

(38) a.　Mary baked a cake.
　　　　（メアリーはケーキを焼いた）
　　b.　John bought a car.
　　　　（ジョンは車を買った）
　　c.　Jane picked the dress she liked best.
　　　　（ジェーンは一番気に入ったドレスを選んだ）
(39) a.　Mary knitted John a cardigan.
　　　　（メアリーはジョンにカーディガンを編んでやった）
　　b.　Jane roasted Jim a chicken.
　　　　（ジェーンはジムにチキンを焼いてやった）
　　c.　Tom found Bill a taxi.
　　　　（トムはビルにタクシーをひろってやった）

d. Chris got Jim a jacket.

   (クリスはジムにジャケットを買ってやった)

(40) a. Mary knitted a cardigan for John.

   b. Jane roasted a chicken for Jim.

   c. Tom found a taxi for Bill.

   d. Chris got a jacket for Jim.

しかし，このような動詞 (buy, make, ...) それ自体は，give のような動詞と違って「人から人へモノが移動する」という意味を持ちません。したがって，二重目的語構文でも (41) のように「人を主語にした受動文」はできません。

(41) a. *Mary was bought a book by John.

   b. *John was baked a cake by Jane.

   c. *John was carved a statue.

   d. *Janice was got a new dress by Paul.

また，二重目的語構文は先に述べたように，「人と人の関係に意識を向けたときの表現」であることから，(42) のように「モノを主語にした受動文」もできません。

(42) a. *A new dress was made Mary.

   b. *The picture was painted Bill.

   c. *The book was bought John.

さらに言えば，名詞が動詞として使用されるようになった(43)のような出来事も，その定義から送り手と受け手という2人の人と送られるモノが存在するので，先の図3のイメージに一致し，(44)のように表現できるのです。

(43) a. telegraph (v): to send a message by telegraph
 b. fax (v): to send someone a letter or message by fax machine
 c. e-mail (v): to send a message by computer
 d. wire (v): to send a TELEGRAM to someone

(*Longman Dictionary of Contemporary English*)

(44) a. John telegraphed/faxed/e-mailed/wired Bill the news.
 b. John telegraphed/faxed/e-mailed/wired the news to Bill.

そして，図3のイメージとSVOOの対応関係が慣習化し，固定化しているために，(45), (46)のような無生物主語であっても認識のイメージが図3と一致するとSVOOで表現することが可能となるのです。

(45) a. Mary's behavior gave John an idea.
 （メアリーの振る舞いがジョンにある考えを抱かせた）
 b. *Mary's behavior gave an idea to John.
(46) a. The medicine lent John relief.

（薬を飲んでジョンは落ち着いた）

　b. *The medicine lent relief to John.

ただし，このような場合には，「移動の概念」をもちません。むしろ，ある刺激によって人がある考えをもつ，ある状態になるということであり，したがって，(45b), (46b) のように to という前置詞では表現できません。

3.4. 日本語の助詞「の」と英語の NP's N / the N of NP

3.4.1. 日本語の助詞「の」

　これまで繰り返し述べてきたように，日本語話者の出来事の認識の仕方は知覚と認識が同時並行的であり，そのため，出来事をそれが展開する順にたどる認識となります。したがって，この順にたどるという認識の仕方は，何かを目印にして出来事や状況を把握するという参照点／ターゲット認知と非常に相性がよいわけです。この意味で日本語の「の」は，まさに参照点を表示する役割を果たしており，次の (47) ではジョンが参照点となり，車を認識するという認識の仕方を反映しています。

(47)　ジョンの車

　そしてこのように，日本語の「の」が参照点を表す標識であるということは，以下のようなさまざまな用法を包括していること

からも明らかです.

(48) a. 私の辞書, 太郎のお父さん ［所有］

b. 札幌の姉, 大阪の日本橋 ［場所］

c. 桜の木, 梅の木 ［種類］

d. 浦島太郎の話 ［内容］

e. 象の鼻, カメラのレンズ ［全体と一部］

f. 漫画家の加藤さん, 首都の東京 ［同格 (?)］

g. 芥川の自殺, 父の手紙 ［主格語と述語］

h. 伊勢物語の研究, 広島の爆撃 ［対格語と述語］

i. 廃棄物処理の問題, 収賄の証拠 ［〜に関する］

(寺村 (1991: 238))

つまり,「NP$_1$ の NP$_2$」の二つの名詞の間には一定の関係があり, NP$_1$ が NP$_2$ を特定する参照点として機能しているということです.

また, この助詞の「の」に関して興味深いことは, 属格から代名詞へ, そして代名詞から補文辞へと意味拡張したということです (金杉ほか (2013) 参照).

(49) a. 晴香の指輪

b. テーブルの上に置いてあるパソコンは僕のです.

c. 来年, 今度は参議院の総選挙が行われるのを知った.

(金杉ほか (2013: 201-202))

具体的に言えば，(49a) の「晴香の」は「指輪」を特定するための参照点（目印）の役割を果たしているのに対して，(49b, c) はそうではありません。以下では，この二つの用法について，それがどのようなメカニズムに起因するのかを考えてみたいと思います。

　そこでまず，(49b) の「の」が代名詞として機能するのはなぜかということは，「NP の」が参照点を表すということから説明できます。この参照点／ターゲット認知を反映した言語現象にメトニミーがあり，それがこの助詞の「の」が代名詞として機能することと関係しているのです。

　メトニミーとはあるモノがそれと密接な関係にある他のモノを指す現象，つまり，ある語から連想させるモノを指す現象です。次の例を観察してみてください。

(50)　a.　実は村上春樹は読んだことがないんです。
　　　b.　花子はいつも GAP を着ている。
　　　c.　黒板を消さないでください。

(50a-c) の「村上春樹」，「GAP」，「黒板」はそれぞれ参照点で，実際には「村上春樹の作品」「GAP の服」「黒板に書いてある文字」を指しています。つまり，ターゲットの部分は言語化されておらず，暗に示されているということです。助詞の「の」が代名詞としての機能を獲得できたのは，まさにこのメカニズムがその根底にあるからなのです。

では，(49c) のように代名詞から補文辞への意味拡張はどのように説明できるでしょうか。結論から言えば，このことは，言語の進化一般にみられる現象と考えてよいように思われます。というのは，実はこのことは英語の指示代名詞の that が接続詞へと意味拡張したのと同じだからです。そこで，ここでは that の意味拡張について説明することで，日本語の助詞の「の」が代名詞から補文辞へと意味拡張した説明に代えたいと思います。

　that は元々は「あれ，それ」という指示代名詞です。そしてこの使い方を保持しつつ，(51a-c) の変化を経て接続詞（〜ということ）の使い方が発達しました。

(51) a.　I know that. The word derives from Latin.
　　　　　（僕はそれを知っている。その語はラテン語起源だ）
　　b.　I know that: the word derives from Latin.
　　　　　（僕はそれを知っている，つまりその語がラテン語起源だ）
　　c.　I know that the word derives from Latin.
　　　　　（僕はその語がラテン語起源だということを知っている）

この変化は次のように図で示すことができます。

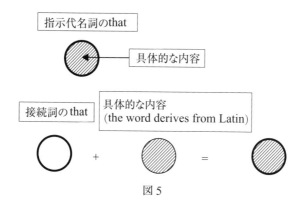

図 5

つまり，指示代名詞は「具体的に指している内容（この場合は the word derives from Latin）」を含んでいるのに対して，接続詞は「名詞の働きをする箱」として機能し，その内容が別の節によって表されるという構造になっているのです。このために that the word derives from Latin 全体で「名詞」ということになるのです。(49c) の「の」もこれと同様で，「の」が名詞の働きをする容器であり，その具体的な内容が「参議院の総選挙が行われる」という節で表されているということです。[9]

---

[9] 日本語の補文辞には「の」と「こと」があることは周知のことです。尾野 (2004) では認識論的・語用論的観点から，小説における認識動詞の補文辞の「の」と「こと」の使い分けについて論じ，語り手が補文命題を現場に存在する事態そのものとして捉える場合には「の」が用いられ，語り手が補文命題を何らかの心理的関与をもって捉える場合には「こと」が用いられるとし，事態の進展をそのまま追うのがふさわしいコンテクストでは「の」となり，語り手の心的態度が表れやすいコンテクストでは「こと」となると述べています。

3.4.2. 英語の 's と of

日本語の「の」に対応する英語の表現として 's と of があることは周知の通りです。つまり,「シェイクスピアのソネット」という場合には次のように 2 通りの表現が可能です。

(52) a.　Shakespeare's sonnets
　　 b.　the sonnets of Shakespeare

しかし,常に 2 通りの表現が可能というわけではありません。「問題の一部分」という日本語に対応する英語の表現は (53b) であり,(53a) は容認されません。

(53) a. *the problem's part
　　 b.　the part of the problem（問題の一部）

また,英語の 's は of よりも使用範囲が広く,そのために前置詞句で言い換えてみると,(54) に示されるように,of 以外の前置詞で言い換えられる場合もあります。

(54) a.　the jar's lid — the lid on / to the jar（瓶のふた）
　　 b.　the jar's label — the label on the jar（瓶のラベル）
　　 c.　Monday's snowfall — the snowfall on Monday
　　　　（月曜日の降雪）
　　 d.　last year's profit — the profit for last year
　　　　（昨年の利益）

e. Britain's climate — the climate in Britain
  （イギリスの気候）

　このことに関連して言えば，すでに述べたように，日本語の「の」も使用範囲が広く，そのためそれに対応する英語の表現が 's や of ではなく，(55) のように「名詞＋名詞」となる場合もあります。この (55) のような表現形式と (54) のような NP's N の違いが，英語話者のどのような認識の違いを反映しているのかは非常に興味深い問題ですが，ここではこれ以上立ち入らないことにします。

(55) a. テーブルの脚 — table leg
　　 b. 車のカギ — car key

　では英語の所有関係を表す 's と of は英語話者のどのような認識の違いを反映しているのでしょうか。結論から言えば，'s が参照点として機能していることは日本語の「の」と同じです。したがって，たとえば，(56) のような表現では，ジョンを目印に特定の車を認識するということから，いったんその車が認識されてしまえば，認知主体の意識はその車に向けられ，相対的にジョンの存在は背景化されます。[10]

(56)　John's car

---

[10] 英語の所有属格（'s）については Langacker (1993) を参照。

また、この 's の機能を主要部の名詞の視点からみることもできます。名詞はその指示対象が独立的に存在するという意味で、一般的には概念的に自律的ということになります。しかし、注意深く観察してみると、名詞が他の名詞と何らかの関係を表す場合も多く、たとえば、「雇用主」「アドバイザー」「運転手」等は、「誰の、あるいは何の」ということが意味の一部に含まれています。したがって、その「誰の、あるいは何の」を参照点にして (57a-c) のように NP's N の形式で表現することができるわけです (Taylor (1989) 参照)。

(57) a. Bill's employer (ビルの雇い主)
　　 b. the car's driver (その車の運転手)
　　 c. the president's adviser (大統領の顧問官)

それに対して、of はどうかというと、「of 名詞」の名詞の表す概念は、NP's が参照点であり、最終的には背景化し、その焦点が主要部の名詞に移行するのとは違って、背景化しないところにこの表現の存在意義があると言えます。このことは次の (58) の言語事実を考えてみても十分うなずけます。

(58) a. the rest of the journey — *the journey's rest
　　　　(旅の残り)
　　 b. the front of the house — *the house's front (家の前)
　　 c. the mouth of the river — ?the river's mouth

(川の河口)

つまり，(58a-c) のような表現では，全体の概念がなければその一部を想起することができないのです。

そして，部分を特徴付ける全体の存在がなければ意味をなさないことは，次のような例でも同様です。

(59) a. (Public Poster): A meeting of Overeaters Anonymous will take place at the home of Agnes Levy, 184 Elm St., on ...

　　 b. (Public Poster): ??A meeting of Overeaters Anonymous will take place at Agnes Levy's home, 184 Elm ST., on ...

((一般向けの広告)：匿名の暴食家の集まりがエルム通りのアグネス・レヴィー宅で開催されます)

(Deane (1987: 71))

(59) のような，一般的な掲示物では，それを見る人たちは Agnes Levy という人を知らないわけですから，それを参照点（目印）にしてその家を特定する Agnes Levy's home という表現は自然ではありません。むしろこの場合には，the home of Agnes Levy として Agnes Levy をその家を特徴付ける表現として用いるほうが自然なのです。

ここで述べてきたことは，次の (60a, b), (61a, b) の容認可能

性の違いからも納得がいきます。

(60) a.　John's school
　　 b.　*the school of John
(61) a.　*victory's monument（勝利の記念碑）
　　 b.　the monument of victory

つまり，(60a) に対して (60b) が容認されないのは，一般的には John が the school を特徴付けているとは認識でき難いからです。逆に，(61a, b) では，(61a) の victory は抽象概念であり，参照点になり難いために容認されませんが，monument は何の monument なのかを特徴付けられることでその存在意義（価値・重要性）をもつことから，それと合致した構造をもつ (61b) は容認可能となるのです。

　さらに言えば，これまで述べてきたことから，NP's N と the N of NP の両方が容認可能である表現では，その表現価値が異なっていることもうなずけます。そこで，先の (52a, b) を (62a, b) として再び取り上げると，(62a) は Shakespeare が参照点となり sonnets を同定している表現ですが，(62b) は sonnets が Shakespeare によって特徴付けられている表現という違いがあるわけです。

(62) a.　Shakespeare's sonnets
　　 b.　the sonnets of Shakespeare

したがって，以上のことから英語の 's と of は以下のようにまとめることができます。

(63) a. NP's N の表現では，NP's は中心の名詞 (N) が「何を指しているか」を理解するための参照点として機能している。したがって，NP's は会話の場面や聞き手が有する知識から聞き手にとって身近なものでなくてはならない。
　　 b. the N of NP では，of NP は中心の名詞 (N) を特徴付ける機能を果たしている。つまり，情報を付け加える機能を果たす。

では，なぜ英語にはこのように二つの表現形式が存在するのでしょうか。結論的には，このことも，英語話者が「場面外視点」で出来事を把握する傾向が強いということと関係しています。NP's N という表現形式は，私たちの一般的な認知能力の一つである「何かを目印にしてあるモノを見つける」という参照点／ターゲット認知を反映しています。それに対して，the N of NP という表現形式は記述対象全体が視野に入っていなければならないわけですから，「場面外視点」を反映しているということになります。つまり，そうすることで全体に対する一部という認識が可能となるわけです。

3.5. 日本語の「行く」/「来る」と英語の 'go' / 'come'

この節では,「話し手の視点」という観点から,英語の go/come と日本語の「行く」/「来る」の使い方の違いについて考えてみたいと思います。

そこで,次の会話を観察してみてください。

(64)　A:　朝ごはんできたわよ。
　　　B:　うん,今行く。
(65)　A:　Breakfast is ready.
　　　B:　OK, I'm coming.

この (64B) と (65B) の日本語の「行く」と英語の come の違いは,日本語話者と英語話者の視点の違いを明確に示しています。というのは,日本語話者は図 6(a) のように,自分自身の視点から出来事を記述するのに対して,英語話者の場合には自分自身の視点ばかりではなく,次の図 6(b) のように,聞き手の側の視点から出来事を記述することも可能だからです。

(a) 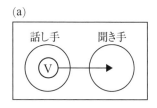 (b)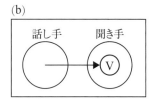

V: vantage point（話し手の視点）

図 6

　この日英語話者の視点の違いは，日本語話者の場合には自分自身の「見え」が認識の起点となるのに対して，英語話者の場合には自分自身を含めて場面全体をメタ認知して，目立って認識されているモノに視点を置き，それを起点として出来事を捉えることが可能であることに起因します。したがって，日本語では，話し手の「見え」の先に向かう移動は「行く」でしかなく，話し手に近づいてくる移動は「来る」でしかないのです。それに対して，英語話者の場合には，場面全体の中で聞き手（あるいは聞き手の居る空間）に視点を置くことも可能であるため，(65) の会話では，聞き手に視点を合わせることで，聞き手の側から自分の移動を観ることになるので come となるわけです。

　この話し手の物理的な移動に関わる日英語の違いは，次の (66)，(67) の対比からも明らかです。

(66)　a.　I'm going to your graduation.
　　　b.　I'm coming to your graduation.

(Radden and Dirven (2007: 24))

(67) a. 君の卒業式に行くよ。

　　b.??君の卒業式に来るよ。

(66)は，同じ内容を(66a)は話し手の視点から，(66b)は聞き手の視点から述べたもので，どちらの視点も可能ですが，(67)の日本語の場合には話し手の視点のみが可能です。そのために，聞き手の視点から述べた(67b)は不自然になってしまいます。[11]

さらに言えば，この話し手の物理的な移動に関しては，英語では，このように聞き手の視点から表現することがかなり慣習化しています。このことは次のような身近な表現からもうかがえます。

(68) a.　Stay put. I'm coming right away.[12]

---

[11] 日本語でも，(ia, b)のように，同じ出来事に対して「行く」「来る」が使用される場合もあります。しかし，これは話し手が聞き手の視点から出来事を述べているのではありません。(ia)でも(ib)でも視点は話し手にあることには変わりはなく，この場合の「行く」と「来る」の違いは，話し手が自分が学校に居ないときには「行く」となり，話し手が学校にいる，あるいは，学校にいることを想定して発話している場合には「来る」となるのです。

　(i) a. 明日，学校に行く？

　　 b. 明日，学校に来る？

[12] この(68a)は I will be right there. と表現することも可能です。この場合には，話し手の「行く」という行為の結果状態として，聞き手の場所にいるという「存在」を表します。この日本語の「行く」と英語の be という「存在」は，前者が「プロセス志向」であるのに対して，後者が「結果志向」であることを反映しているとも言えます。ここで重要なことは，日本語話者の場合には話し手の視点からその行為を表現するために「行く」としかなりませんが，英

(じっとしていなさい。すぐ行くから)

b. May I come in? (入ってもいいですか)

c. I'll come to your place at about six and pick you up.
(6時頃君のところに行って，拾ってあげるよ)

(Carter and McCarthy (2006: 70))

d. 'Let's meet tomorrow.' 'Okay. Shall I come to your house, or will you come to mine?' 'I'll come to yours, if you prefer.'　　　(Leech (1989: 81))
(「明日，会おうよ」「いいよ。僕が君の家に行く？ それとも君が僕の家に来る？」「君がそのほうが良ければ，僕が君の家に行くよ」)

特に Carter and McCarthy (2006) では，(68c) に対する表現である I'll go to your place at about six and pick you up. を 'unacceptable' と述べており，また，(68d) では，日本語では「行く」「来る」と使い分けなければならないところを，英語では話し手が聞き手の場所に移動する場合も，聞き手が話し手の場所に移動する場合も come で表現されています。

ではなぜ，英語ではこのような come の使い方が慣習化してい

語話者の場合には状況全体を視野に入れて，聞き手の視点から出来事を捉え直し，come ではなく，be を使うことによって，come という行為の結果，聞き手に寄り添っているという結果状態を表現することになり，聞き手への配慮，安心感を与えるという効果（機能）をもつということなのです。

るのでしょうか。結論から言えば、このことは、聞き手に視点を置くことで、特別の機能（効果）を担わせるということです。具体的に言えば、聞き手に対する配慮や気遣いであり、事実、このことが根底にあるために、先の (66a) に対して (66b) のように聞き手の視点から出来事を述べることで、聞き手に対する思いやりの気持ちを表し、それだけ丁寧な表現となるのです (Radden and Dirven (2007)、小西 (1980: 264-265) 参照)。

そしてさらに言えば、このように聞き手に対する配慮や気遣いを表す come の使い方が慣習化しているために、次の (69) のように、話し手（病院関係者）が聞き手（病院に来た見舞客）の場所への移動でなくても、come という表現が用いられるわけです。[13]

(69) I'll come to the nursing station with you.
　　　（ナースステーションまでご一緒しましょう）

ただ、先にも述べたように、この日本語の「行く」/「来る」と英語の go と come に関する「話し手の視点」の違いは、物理的な移動を表す場合ということです。というのは、心的に話し手が自身の視点を聞き手の視点と融合させるということはおそらく汎言

---

[13] この come の用法について Carter and McCarthy (2006: 70) では以下のように説明します。
　(i) *Come* is also used with the meaning of accompanying the speaker or listener to a place.

語的であり,英語にも日本語にも同様にあるからです.

次の (70), (71) を観察してみましょう.

(70) a. Mother to child: "And now we're going to sleep."
   b. Nurse to patient: "We must take our tablets again."
   c. Policeman to driver: "We don't want to park here, do we?"

(Radden and Dirven (2007: 25))

(71) a. さあ,もう寝ましょうね.
   b. またお薬を飲みましょうね.
   c. ここに駐車してはだめですよね.

上の (70a-c) のそれぞれでは,話し手が自身の視点を聞き手の視点に融合させることで,聞き手に対する配慮を表しており,そのために,話し手と聞き手を含めた代名詞である we を用いているわけです.それに対して,日本語の場合には we に対応する「私たち」をこのように使うことはなく,(71) のように「ね」がこの役割を担っています.[14]

---

[14] さらに日本語では,母親が子供に向かって「ぼく早くいらっしゃい」といった自称詞を対称詞として用いる用法があり (鈴木 (1973: 172)),これは,話し手が自身の視点を聞き手に融合させた表現ともいえます.

第 4 章

概念空間と出来事の認知処理と言語化

私たちはこれまで，ことばの意味は認知主体（話し手・聞き手）が記述対象をどのように概念化するかという認知プロセスに在り，言語表現には認知主体の認知操作が反映されているということを，日本語と英語の具体的な言語事実からみてきました。この章では，日本語話者の知覚と認識が融合した認知の仕方である「場面内視点」と，英語話者のメタ認知からくる「場面外視点」では出来事を認識する概念空間が異なっていることから，それぞれの概念空間上での日英語話者の出来事の認知処理と言語化の関係について述べたいと思います。具体的には，日本語と英語の「移動の経路表現」の表し方の違いや，日本語の「Vテイル」と英語の進行形（'be V-ing'），英語の存在表現を取り上げて，それぞれの特徴を明らかにします。

4.1. 日英語の移動表現

　「移動表現」をどのように言語化するかに関して，世界の言語は二つのパターンに分けられるという考え方があります。一つは移動の経路（path）を動詞で表現する言語であり，これを「動詞枠付け言語」（verb-framed language）と呼びます。もう一つは移動の経路を不変化詞（run out の out など）や前置詞句（into the park など）で表現する言語であり，これを「衛星枠付け言語」

(satellite-framed language) と呼びます (Talmy (2000) 参照)。そしてこの区別からすると，(1a, b) のように日本語は前者，英語は後者に分類されることになります。

(1) a. 太郎は 泳いで 川を渡った。(太郎は川を泳いで 渡った。)
        (様態)   (経路)
        動詞   動詞
    b. Taro swam across the river.
        (様態)   (経路)
        動詞   前置詞句

 実は，この違いは日本語話者が英語を学習する際にも重要となってきます。というのは，上の例からも分かるように，日本語では一つの節に複数の動詞が可能であるのに対して，英語の場合には一つの文に動詞は一つで，「様態や手段」が動詞で表現されるからです。

> 〈英語の移動構文の特徴〉
>   主語 ― 動詞 ― 前置詞句
>   (移動の様態, 手段) (移動の経路)

したがって，「私は毎日車で職場に行く」という表現を英語では「どのように」という「様態」の部分を動詞で表現するために，次の (2a, b) では (2a) のほうが自然です。

(2) a. I <u>drive</u> to work every day.

　　　（私は毎日車で通勤している）

　　b. I <u>go</u> to work <u>by car</u> every day.

ではなぜ日本語は「経路」を動詞で表現し，英語は不変化詞や前置詞で表現するのでしょうか。実はこの違いの根底にも，第1章で述べた日本語話者の出来事の認識の仕方と英語話者の出来事の認識の仕方の違いが明確に反映されているのです。つまり，知覚と認識が融合した認知の仕方とメタ認知の違いです。そこで以下ではこのことをもう少し詳しく述べたいと思います。

　先に，ことばの意味は認知主体の概念化，つまり，認知主体が対象となっている出来事をどのように捉えているかということであり，この捉え方が言語表現に反映されていることを述べました。このことをよく考えてみると，出来事は現実の物理的世界にあり，時の流れに従って展開するわけですが，それを一定の認知操作で捉えるのは私たちの認識世界（具体的には脳内）でのことです。つまり，ここには2種類の「時」が存在することになります。一つは出来事が時間軸にそって展開する「時」であり，もう一つは認知主体がそれを捉え，一定の認知操作でその出来事を認知処理する「時」です。認知文法では前者を conceived time (t)，後者を processing time (T) と呼びます。そしてこの processing time は通常は意識されないのですが，重要なことはメタ認知ではこの2種類の時を分離することが可能となるということで

す。[1]

　日本語話者の場合には，先にも述べたように，「見え」をそのまま言語化することが慣習化しており，通常，自分が対象を認識していることを客体視することはありません。つまり，「知覚」と「認識」が同時並行的に進行するということで，この出来事の把握の仕方から，次の図1に示されるように，出来事が展開する時（conceived time）と，認知主体がその出来事を認知処理するために要する時（processing time）はほぼ同時並行的に進行するということになります。そして，この出来事の把握の仕方のために，日本語では「行為」はもっぱら動詞で表現されることになるわけです。

---

　[1] conceived time と processing time は，どちらも認知文法の用語で，前者は脳内で出来事が概念化の対象（object of conceptualization）となる「時（time）」という意味で，後者は認知主体が対象としての出来事を概念化する媒介（medium of conceptualization）としての「時（time）」という意味です。

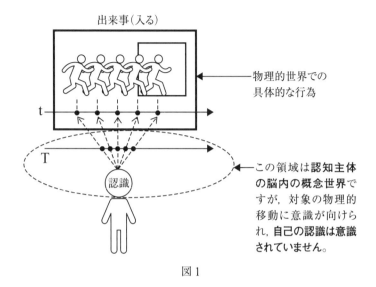

図1

　それに対して、メタ認知とは、「知覚」された出来事を「概念世界」で認知処理するということであり、英語話者の場合には母語習得の過程でこの認知様式が慣習化していることは先にも述べました。これは言い換えると、知覚している物理的世界での具体的な行為と、その行為を概念世界で「認識」することで形成される認知像の分離ができ得るということであり、この分離によって知覚した出来事を概念世界でイメージ化することが可能となるということです。そして、先の時の区別からすると、この概念世界に構築されたイメージは、もっぱら認知主体の processing time によって概念化されているということになります。英語の不変化詞や前置詞の豊かな表現性は、英語話者の出来事のメタ認知によっ

第 4 章 概念空間と出来事の認知処理と言語化　　147

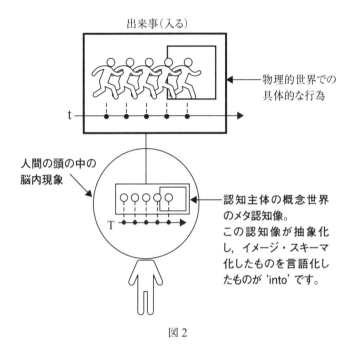

図 2

てはじめて可能となるのです。したがって，英語の不変化詞や前置詞は概念世界で形成されたイメージ・スキーマを語彙化したものだということになります。

　イメージ・スキーマとは，私たちの日常の基本的な身体経験が繰り返し経験されることで一定のパターンとして認識され，脳内に蓄積されたものですが，英語の前置詞はまさにこの経験のパターンに 'into' 'out of' 'across' 'through' 'over' といういわば名前をつけたものだということです。

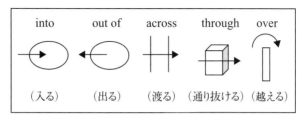

図3

それに対して，日本語話者の場合には，脳内に蓄積されているのは知覚と認識が融合した状態のままのイメージであるため，行為は動詞で表現するしかありません。また，「見え」のままの認識が言語化されるため，英語の into が次の (3b), (4b) の「落ちる」「入れる」のように状況に応じてさまざまに表現されるのです。

(3) a. The rock rolled into the hole.
  b. 岩が転がり 穴に落ちた。
(4) a. Sam carefully broke the eggs into the bowl.
  b. サムは注意深く卵を割ってボールの中に入れた。

4.2. 日本語の「V テイル」と英語の進行形 (be V-ing)

この節では日本語の「V テイル」と英語の進行形について考えてみたいと思います。具体的には，日英語のこの二つの表現形式は，認知主体が出来事を心的走査 (mental scanning) して捉えていることを表すという点で共通しているにもかかわらず，意味や

使用域が異なっているのは,この心的走査が「場面内視点」でなされているのか,「場面外視点」でなされているのかに起因することを述べたいと思います。

4.2.1. 日本語の「Vテイル」

日本語の「Vテイル」構文は,(5a, b) のような「〜に…がある」という「存在文」と直接的につながっている (6) のような「存在様態文」を中核として,いくつかの用法へと分化して現在に至っています (金杉ほか (2013) 参照)。

(5) a. 机の上に本がある。

b. 庭に二本の木がある。

(6) 公園に木が三本立っている。

つまり,(6) は「立って」という様態で「存在する」ことを述べた文ということです。

そして「Vテイル」構文には,以下のようにいくつかの用法があることはよく知られています。

(7) a. 桜の花が咲いている。

b. 叔父が大阪に住んでいる。

c. 犬が餌を食べている。

(8) a. 財布が落ちている。

b. 町の灯りが消えている。

(9) 太郎は 3 年前にこの大会で優勝している。

(7) は現在の状況であり，(8) は結果状態を表しており，(9) は経歴を表しています。

　日本語の「V テイル」は認知主体が出来事と直接にインタラクションし，その知覚体験を言語化したもので，発話時の眼前の状況描写がその基本です。この点で (7a, b) では現在の状況が述べられており，(7c) では現在の動作（行為）の継続が述べられているというように，知覚体験をそのまま言語化しています。では (8a, b) のような結果状態や (9) のような経歴を「V テイル」で表現できるのはなぜでしょうか。結論的にはこのことは，日本語話者が出来事を「V テイル」で表現する際には，その出来事を心的にたどるという心的走査 (mental scanning) を必然的に含んでいるということに起因しています。このことは (7a–c) のように眼前の状況を表している場合には明確であり，次の図 4(a) に示される観察行為に伴う心的走査という認知プロセスが介在しています。また，(8) の結果状態は眼前の状況がある過去の出来事の痕跡であるという解釈に基づく（寺村 (1984)）ものであるため，図 4(b) のようにその出来事から現在の状況までを心的にたどるという心的走査が介在しています。さらに，先の(9) のように経歴を述べる場合にも，過去の出来事を起点として現在の状況を心的走査することで現在の状況を伝えるという認知プロセスを含んでいます。

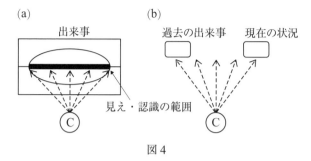

図 4

4.2.2. 英語の進行形 (be V-ing)

では次に,進行形 (be V-ing) が英語の母語話者のどのような認識を反映しているかを考えてみたいと思います。そこで,次の文を観察してみましょう。

(10) a. When I visited John, he was talking with someone on the phone.
   (ジョンのところに行ったら,彼は誰かと電話で話をしていた)

  b. Mary is living in New York.
   (メアリーはニューヨークに住んでいる)

  c. I'm meeting Bill this afternoon.
   (今日の午後にビルに会うことになっている)

  d. I'm hoping that you will join us.
   (私たちと一緒に来ていただけると有り難いのですが)

e. I have been waiting for 40 minutes!

(40分も待ったよ)

(10a) では，話し手はある時点（つまりジョンを訪問した時点）での進行中の出来事を表しています。また，(10b) では話し手は「メアリーがニューヨークに住んでいる」という出来事を一時的なものとして認識し，表現しています。このことは Mary lives in New York. という表現と比較してみるとよく分かります。この場合には一時的という意味はありません。また，(10c) では「今後の予定」，(10d) では丁寧表現として進行形が用いられています。最後の (10e) では話し手は進行形を用いることで聞き手に臨場感（ピーターセン (2002)）を伝えようとしています。[2]

ここで重要なことは，(10a) から (10e) の進行形の用法が互いに何の関係も無いかのように捉えてはいけないということです。むしろ，進行形という表現形式そのものの意味を理解することが重要なのです。そこで，「進行形のイメージ」とは何かを考えてみる前に，その前提として，次の図5に示される動詞の二つのタイプについて述べたいと思います。

---

[2] ピーターセン (2002: 45) は (10e) と次の (i) を比較し，待ち合わせをして40分ほど遅れた友達に言う言い方としては，(i) はインパクトとしてはそれほど強くなく，40分もの退屈とイライラを生々しく浮かんでくるような臨場感を味あわせて，謝ってもらう表現としては (10e) のほうが効果的だと述べています。

(i) I have waited for 40 minutes!

第4章　概念空間と出来事の認知処理と言語化　　153

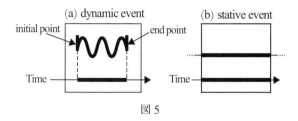

図 5

　図5(a, b)は動詞で表される出来事が「動作性」と「状態性」に大きく分けられることを表したものです。「動作性」を表す動詞は始まり（initial point）と終わり（end point）があり，動的な出来事を表しているので，その一部分を切り取って見たときに，その動作としては認識でき難いという特徴をもっています。それに対して「状態性」を表す動詞は始まりと終わりが意識されず，静的な出来事を表します。このタイプは「動き」として認識されませんから，その一部分を切り取って見た時でも，その静的な出来事として認識することが可能です。

　ここで注意が必要なことは，この「動作性」「状態性」という区別によって，動詞が二つのタイプに分けられるということではないということです。先に「ことばは認知主体の出来事の解釈の仕方を反映している」と述べましたが，このことは当然，出来事の「動作性」「状態性」の区別にも当てはまります。つまり，私たちが出来事をどのように認識しているのかということが大切なのです。この認識の重要性は次のような身近な例で確認することができます。

(11) a. The castle stands on the hill.

b. *The castle is standing on the hill.

c. John is standing on the hill.

ここで (11b) が容認されないのは,「その城は丘の上に立っている」という出来事では終わりをイメージすることができ難いからです。つまり,この出来事は先の図5(b) のように認識されているため進行形にでき難いのです。それに対して, (11c) の主語 (John) は人間であり,自分の意志で動くことが可能であることから,この出来事の終わりをイメージすることができるので,進行形で表現することができるのです。

そこで,以上のことを踏まえて「進行形のスキーマ」を図示すると,図6のようになります。

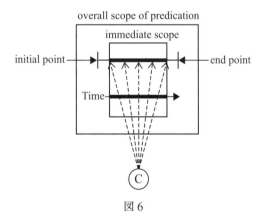

図6

つまり，進行形とは認知主体が始まりと終わりのある出来事の内側に意識を向けて，その状況を心的走査していることを表す表現形式なのです。[3]

さて，それではこの視点から先の (10a-e) を分析し，図6のイメージからどのようにして5つの意味がでてくるのかを考えてみます。そこでまず (10a) についてですが，これについてはあまり説明の必要がないと思います。ここでは主語（私）がジョンの家を訪問した時に彼が何をしていたのかを表現しており，ジョンが電話をかけるという行為をしたのは私が訪問する前であり，訪問したときは電話中ですが，それは終わりのある出来事だということです。したがって，この出来事は図6のイメージと一致しています。また，(10b) もメアリーが仕事か何かで今ニューヨークにいるわけですが，話し手はこの出来事を終わりのあるものとして認識しています。したがって，やはりこの場合も図6のイメージと一致しています。

では次の (10c) はどうでしょうか。ここで大切なことは動詞の性質です。meet, arrive, die などの動詞は到達動詞（achievement verbs）と呼ばれています。つまり，出来事の到達点を表すということです。したがって，このような動詞の場合には，図6の終わりの点（end point）が meet, arrive, die する点と考える

---

[3] 認知文法では認識される範囲全体を overall scope，その中で特に意識が向けられている部分を immediate scope と呼びます。ここでは immediate scope が進行形によって表される部分ということです。

と，進行形はその前に意識を向け，その出来事までを心的にたどる表現ということになります。進行形が「今後の予定」を表すのはこのような認識に起因しています。また，(10d) のように進行形が丁寧な表現となるのも動詞の性質が関わっています。hope, think, wonder など気持ちを表す動詞の場合にこのような意味を表すことができるのですが，これは進行形が「一時的な読み」をもつことから説明できます。つまり，「ちょっと考えている」ということで，このことが聞き手に対する押し付けがましさを避けることができ，それだけ丁寧な響きになるのです。最後に (10e) の例ですが，このような臨場感も図6のイメージから説明することができます。つまり，進行形が出来事の内側に意識を向けた表現であり，その意識が向けられた部分を心的走査 (mental scanning) することでたどるという図6の意味構造が，聞き手に臨場感を伝える効果をもつわけです。

そして以上のことから，英語の母語話者がある出来事を進行形という形式で表現するときには，図6のイメージ (つまり，'be V-ing' の構文スキーマ) によって動機付けられていることが分かります。[4]

---

[4] 'be V-ing' が認知主体の心的走査を反映していることは，尾野 (1990) が進行形の本質は「基準時においてのみ成立しうる現実世界 (現象) に対する話者の観察 (描写) 行為を表わす」ことであると主張し，(ia) の単純形に対して (ib) の進行形はゆるやかな動きを思わせると述べていることや，(iia) は (iib) に対して話者の苛立ちを表現しており，「開けなくてもいいのに余計な事をした」という意味をもつと述べていることからも支持が得られます。

4.2.3. 日本語の「V テイル」と英語の進行形の本質

これまで日本語の「V テイル」と英語の進行形について具体的な例を挙げて述べてきました。そして，それぞれの観察から得られたことは，日本語の「V テイル」と英語の'be V-ing'には一定の共通性があるということです。それは共に，実際に起こっている出来事を認知主体が体験していることを表現する (12a, b) のような「現象文」を表すということであり，認知主体が記述対象の出来事を体験し，それを捉える際に何らかの心的走査 (mental scanning) という認知操作が関与していることが日本語の「V テイル」と英語の 'be V-ing' を動機付けるということです。

(12) a. John is reading a book.
　　 b. ジョンが本を読んでいる。

そしてこのことを基盤として，英語話者の場合にはメタ認知によって「場面外視点」で出来事を捉えることが慣習化しているので，始まりと終わりを認識のベースとして，その内側を心的走査するのに対して，日本語話者の場合には知覚と認識が同時並行的な認知の仕方が慣習化しており，「場面内視点」で出来事を認識す

(i) a. The house falls down!
　　 b. The house is falling down! 　　　　　(尾野 (1990: 19))
(ii) a. What were you opening the window for?
　　 b. What did you open the window for? 　　　　(ibid.: 31)

つまり，心的走査によって事態が推移として認識されたり，認知主体の意識を immediate scope に向けるということが，その部分の注視（凝視）に繋がり，それが強調を含めた感情の表出に繋がるのです。

るため,認識のベースに終わりという認識はありません。そのために,英語の場合とは異なり,状態性の強い出来事や状況も次の(13)のように「V テイル」で表現することができるのです。[5]

(13) a. 丘の上に城が立っている。
    b. 彼のことはよく知っている。
    c. 二人はよく似ている。

そして,このように日英語話者の出来事の認識の違いから「V テイル」と 'be V-ing' を考えると,同じ状況を言語化した (12a, b) の認識は全く異なっていることが分かります。つまり,(12a) は本を読み終わるという「終わり」が認識的な視野に在り,それを基礎として現在の状況を述べているのに対して,(12b) は過去のある時点から出来事が継続している今の状態を表しているということです。したがって,英語の 'be V-ing' の場合には,先にも述べたように,出来事の完結を「終わり」の点と認識して,それに至る過程を表現できることから (14a) のように予定を表現することができるのに対して,日本語の「V テイル」は過去から現在までのことを表現することはできても,次の (14b) のように

---

[5] この日英語話者の出来事の認識の違いは (ia, b) の意味の違いも自然に説明することができます。
  (i) a. John is living in New York.
     b. ジョンはニューヨークに住んでいる。
つまり,英語の場合には一時的な出来事を表しているのに対して,日本語ではそうではないのは,「終わり」という認識がないからなのです。

未来の予定を表すことはできないわけです。

(14) a. Kristen is leaving Boston tomorrow.
　　 b. *クリステンは明日ボストンを出発している。

　ここで非常に興味深いのは次の英語と日本語の表現の違いです。

(15) a. This highway runs from Tokyo to Osaka.
　　 b. この高速道路は東京から大阪まで走っている。

そこで (15) のような表現の発話状況を考えてみると, 話題になっている高速道路の説明ということであり, この発話の内容, つまり, 高速道路が東京から大阪まで続いているというのは, 話し手の認識世界にある経験や知識であるということになります。

　ここで重要なのは話し手の認識の中にある経験の在り様です。私たちの知覚体験の記憶には, 見えのままの記憶である「視野の記憶 (field memory)」と, 第三者的な視野の記憶である「観察者の記憶 (observer memory)」の 2 種類があるとされています。日本語話者は「場面内視点」で出来事を把握し,「見え」をそのまま言語化する認知様式が慣習化していることから, このような出来事の把握の仕方の場合には, 先にも述べたように,「知覚」と「認識」は同時並行的に進行していくので, 出来事が展開する conceived time と認知主体がそれを処理する processing time は平行的ということになります。そのため, (15b) のように,「V

テイル」で言語化されることになるのです。それに対して，英語話者は「場面外視点」で出来事を把握する傾向が強いということは，出来事のメタ認知であり，conceived time と processing time が分離可能であるため，鳥瞰図的に出来事を把握し，この状況を先に第1章で述べた主体化によって，認知主体の視線の移動が意味として確立した run という語で表現しているわけです。

4.3. 英語の存在表現

あるモノや出来事を知覚してそれを言語化する場合，それをどのように捉えているのかで言語表現が異なることはこれまで繰り返し述べてきました。この節では日英語の存在文を取り上げ，モノや出来事の存在を表現する場合の認識の違いと，それに対応する言語化の問題について考えてみたいと思います。

そこで具体的な例として，テーブルの上に地図があるという状況を考えてみると，日本語では一つの言い方しかありませんが，英語では3通りあることが分かります。

(16) テーブルの上に地図がある。

(17) a. There are some maps on the table.

b. Some maps are on the table.

c. The table has some maps on it.

(中右 (1998: 55))

では,なぜ日本語は一つの表現形式しか必要でないのに対して,英語では (17a) のような there 構文, (17b) のような「はだか存在文」,そして (17c) のような have 構文という 3 通りの表現が必要なのでしょうか。結論的には,このことも,日英語話者の出来事の認識の違いに起因すると言えます。つまり,日本語話者は母語習得の過程で「場面内視点」が慣習化しているので,出来事の中の何かを目印(参照点)にして,順にたどりながら表現する仕方となります。そのため,場所の表現がまず先に言語化され,それを参照点として目標物をたどるという認識のために (16) のような表現となるのです。

　それに対して,英語話者は母語習得の過程で「場面外視点」が慣習化し,出来事の中の何かを Figure として認識し,それを出発点として出来事を述べます。そこで,この観点から英語の「はだか存在文」について考えてみると, (17b) は maps が Figure として認識され,それを table との位置関係で捉えるという認識を反映しています。ただし,モノの存在をこの構文で言語化する場合には一定の制約があり,次の (18) のそれぞれの主語は輪郭がはっきりしていないため, Figure として認識され難く,そのため容認されないということになります。

(18) a. *Space is in the room.
　　 b. *Sincerity was in her voice.

　では have 構文というのは状況をどのように認知処理したこと

を表す構文なのでしょうか。結論から言えば，この構文は「はだか存在文」のように知覚対象をFigureとして認識し，その所在を存在を表すbeと具体的な位置を表す前置詞句で表現するという認識の仕方を基礎として，それを第1章で述べた英語話者の脳内に構築された「概念的鋳型」で捉え直すという認知処理を反映しています。その結果として，所有を表すhave構文でこの状況を言語化するようになったということです。さらに言えば，haveは本来的には何かを手に握るという意味でしたが，歴史の流れの中でその意味が薄れ，抽象的なモノの所有関係にも使われるようになり，それからさらに文法化が進んで二つのモノの関係概念，そしてモノの所在を表すためにも使用されるようになったのですが，それがまさに (17c) のような表現というわけです。

次にthere構文についてですが，実は，はだか存在文とhave構文は認知主体が状況をどのように捉えているのかという「捉え方」を反映した構文ですが，there構文はこれとは少し性質が違っています。というのは，there構文とは話し手が聞き手に何かを想起させるために用いる構文だからです (Bolinger (1977) 参照)。つまり，there構文は聞き手の側に立って，話し手がある情報を提示するためのものなのです。there構文の大きな特徴の一つに，意味上の主語が不定名詞句でなければならないということがあるのも，聞き手にあることを想起させるということから自然に説明することができます。つまり，この構文の意味上の主語はその使用目的から当然聞き手には新情報だからです。

(19)　There is a man waiting for you.

　　　（男の人があなたを待っていますよ）

　さらに言えば，there 構文で聞き手に想起させるのは意味上の主語の指示対象の a man だけではありません。むしろ，a man waiting for you という状況（出来事）です。したがって，この点で，はだか存在文の主述の関係がそのまま表現されているのです。

　このようにみてくると，「はだか存在文」「have 構文」「there 構文」のそれぞれが，英語話者のどのような認識を反映しているのかが明らかになってきます。つまり，はだか存在文とは認知主体の知覚をそのまま反映しているのに対して，have 構文はその知覚された状況を，英語話者が母語習得の過程で確立する概念的鋳型で捉え直すという認知処理が関与した表現ということです。そして，この二つの表現形式は認知主体がある状況を認識し，それを言語化したものだという点で共通性を有しているということです。

　それに対して，there 構文はある状況の存在を表現しているという点でははだか存在文や have 構文と同じですが，there 構文の第一義的な機能は聞き手にある状況を想起させる，あるいは気付かせるということで，単に状況の描写ではないということです。そしてここで重要なことは，there 構文によって記述されている出来事は話し手にとってはすでに知っていること，つまり既知情

報だということであり,その出来事は話し手にとっては現実の物理世界に存在するということです。その一方で,その出来事は聞き手にとっては未知事項であり,したがって,聞き手の物理世界には存在していません。そのため聞き手はその出来事を概念世界に想起し,その状況を理解するということになります。このことは次の図7のように示すことができます。

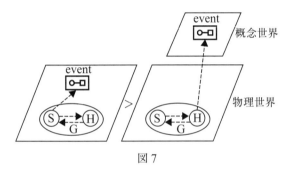

図 7

そしてこのことから,次の言語事実を自然に説明することができます。

(20) a. *There was the map on the table.

b. *There was it on the table.

c. *There was Dr. Langacker at the conference.

つまり,定名詞句や代名詞,あるいは固有名詞は,話し手と聞き手にとってその指示対象が発話時の談話空間(current discourse space)内に存在するか,あるいはそれが共有知識(shared knowledge) としてあるということであり，このような場合は，当然その視点から出来事を述べた次のような表現のほうが自然だということになります。

(21) a. The map was on the table.
   b. It was on the table.
   c. Dr. Langacker was at the conference.

また，there 構文は「何かについて何かを述べる」という表現形式ではありません。したがって，次のような出来事は there 構文に馴染まないのです。

(22) a. *There was hit a man on the road.
      （道で男の人がなぐられた）
   b. *There were blamed three people at the meeting.
      （会議で 3 人の人たちが非難された）
   c. *There were arrested three rioters in the park.
      （公園で 3 人の暴徒が逮捕された）

(高見・久野 (2002: 55))

上記の例では「なぐる」「非難する」「逮捕する」という出来事が述べられており，このような場合には「誰が何する」あるいは「誰が何される」という特定の人物について出来事を述べることになり，当然，その誰かに視点が置かれることになるので，there 構文には馴染まないということになるのです。さらに言えば，(22a-

c) は特定の状況を記述したもので，聞き手にそれについて気付かせるという解釈にはなり難いということです。このようなことから，他動性 (transitivity) の高い出来事は一般的に there 構文とは相性が悪いのです。[6]

それに対して，聞き手にある状況を想起させる，気付かせるというこの構文の特徴から，次のように「出現」を表す場合には容認可能です。

(23) a. There occurred a tragic event yesterday.

（昨日，悲惨な出来事が起こった）

b. There emerged some new facts while we were working on the project.

（その企画に取り組んでいる中で新しい事実が明らかになった）

c. There came a roar of pure delight.

（紛れもない歓喜の叫び声があがった）

(ibid.: 54–55)

これは私たちが「出現」という事態をどのように認識するかに関係しています。つまり，厳密には出現という現象は無から有への

---

[6] 他動性という概念は，一般的には他動詞らしさという動詞の特性として考えられます。しかし，ある行為が動作主から被動作主に移行するという節全体の特性と考えることもできます。そうすると，他動性とは度合いの概念であるということになり，動作主の行為が被動作主に影響を与えるということをプロトタイプとすると，このプロトタイプからの逸脱の度合いが高くなれば，他動性が低くなるということになります。

変化ですが、一般的には私たちは変化の過程ではなく、現れたという結果状態に意識を向けやすいのです。

　しかし、実はthere構文の本質を理解するためにはこれだけでは十分ではありません。そこで次の例文を観察してみましょう。

(24) a. There are placed many silver spoons on the table.
(テーブルにたくさんの銀のスプーンが置かれていた)

　b. There was born a baby to the Joneses.
(ジョーンズ家に赤ん坊が誕生した)

　c. There was heard a rumbling noise.
(ゴロゴロと響く音が聞こえた)

(ibid.: 55)

(22a-c) と (24a-c) の容認度の違いは行為として認識されるのか、それとも行為の結果としての状態として認識されているのかという違いだと言えます。この点で、(22a-c) で記述されている出来事では行為の過程に意識が向けられるためそれだけ他動性が高くなっています。一方、(24a-c) ですが、(24a) ではスプーンがテーブルに置かれている状態、(24b) では赤ん坊が生まれる過程を経て存在している状態、そして (24c) では a rumbling noise は一定の時間続いたひとまとまりの音であり、それを知覚した状態として認識されるため、それぞれ他動性が低くなり、その結果there構文が容認可能となっているのです。

　では、なぜ他動性が低いとthere構文と相性がよくなるので

しょうか。この答えは there 構文の there とは何かということから自然にでてきます。この there は本来的には「場所の副詞」だったものが，意味の希薄化という文法化（grammaticalization）の過程を経て，抽象的な場面（セッティング）を表す機能を果たすようになったものです。このことを聞き手の側から言えば，聞き手は there によって概念空間を喚起し，それに続く出来事をその概念空間上に想起することで，その内容を理解するわけです。そのため，そこに想起された出来事は「誰かが何する」という具体的な行為というよりはむしろ，そうした出来事のタイプを表し，1枚の絵のように認識されることから，それだけ他動性が低くなるということになるのです。そして，このようなことから there 構文の特殊性も自然に説明がつきます。

その特殊性とは，there 構文では文法的な主語は there ですが，意味上の主語は動詞の直後の名詞だということです。具体的に言えば，次の (25a) の疑問文では there と動詞の are の間で倒置が起こっているので，there が文法的には主語ということになります。その一方で，動詞の数の一致はその直後の名詞との間で起こっているので，意味上の主語は (25a, b) では any other ways や a small village ということになります。

(25) a. Are there any other ways to save this situation?
(この事態を乗り切る何か他の方法はありますか)
b. There is a small village across the woods.

（小さな村が森の向こうにある）

　この問題を解決するヒントは，この構文の there が先にも述べたように，場所の副詞が文法化されて抽象的な場面を表すようになったということです。この文法化によって there が空間を表す名詞として認識され，また，there is (are) が「提示文」という構文として確立されたことで，there が構文の主語という認識が定着していったわけです。しかしその一方で，この there 構文で聞き手に想起させる（気付かせる）のは事柄であり，たとえば，次の文では「ある人があなたを待っている」という出来事です。

(26)　There is a man waiting for you.

したがって，意味的には a man is waiting for you ということになり，a man が主語ということになるのです。

あ と が き

　本書では,「ことば」は認知主体が記述対象のモノや出来事をどのように捉えているかという認識の仕方を反映しているとする認知文法の基本的な考え方に基づき，日本語と英語の言語現象を対照的に考察することで，その根底にある日本語話者・英語話者それぞれの出来事の捉え方がどのようなものであるのかを明らかにしました。というのは，冠詞の有無や表現の仕方の違い等について日本語と英語の特徴を列挙して述べるだけでは,「ことば」の本質は見えてこないからです。むしろ，言語話者が対象を知覚し，言語化に至るまでの過程で関わっている認知プロセス（認知操作）に着目し，その根底にある知覚と認識の在り様から「ことば」を考えることで見えてくる言語話者の世界観があり，このことこそが,「ことば」の本質を理解する手がかりを私たちに与えてくれるのです。

　そこで，根本的なこととして，知覚と認識の関係についてもう少し詳しく述べると，私たちがことばで表現しているのは，外界の記述対象そのものではありません。正確に言えば，私たちが外界世界の対象を知覚すると，その知覚対象は目の網膜から脳内に取り込まれ，知覚表象（perceptual representation）が形成されます。そして，その表象が何であるのかという認識は，すでに確立

されたメタ表象（観念表象）と mapping することで得られるのです。したがって，対象は外にあるわけですが，私たちがことばで表現しているのは，自分の脳が作り出す心像（mental image）なのです。そして，その心像を一定の認知操作によって解釈（construe）し，その結果，ことばとして発せられるのであり，この意味で，ことばは脳内現象なのです。

　本書では，「ことば」が脳内現象であるということを踏まえて，私たちが外界世界の対象を認識する際には，「見え」のままを認知処理する知覚と認識が融合した認知と，そこから認識を分離したメタ認知という二つの認知の在り様，あるいは局面があることを述べました。そして，そのどちらが優勢であるかが個別言語を特徴付けており，言語話者は母語習得の過程でどちらかの認知様式が優勢となり，それが慣習化（習慣化）されることで，その言語の話者となるという立場から，日本語話者・英語話者のそれぞれの世界の切り取り方がどのように「ことば」に現れているのかをみてきました。そして本書では，知覚と認識が融合した認知の仕方を反映している言語話者の感覚を「場面内視点」，メタ認知による認知の仕方を反映している言語話者の感覚を「場面外視点」と呼び，前者が「日本語の世界」を，後者は「英語の世界」をそれぞれ特徴付けていることを述べました。

　もちろん，この二つの視点は人間の知覚と認識の二つの局面であり，日本語話者も英語話者もどちらの視点も有しているわけですが，日本語話者は「場面内視点」で出来事を認識する傾向が強

く，また，英語話者は「場面外視点」で出来事を認識する傾向が強いことは，これまで各章で取り上げてきた日英語の言語事実の違いから明らかになったことと思います。

　本書の締めくくりとして，この知覚と認識が融合した認知とメタ認知という二つの認知の在り様が，「日本語の世界」と「英語の世界」を明らかにするために不可欠であることを，さらに，日英語の語順の違いと，人称代名詞の使い分けによる談話世界の切り取り方の違いを取り上げて補足したいと思います。

　そこでまず，日本語の基本的な語順が OV であるのは何故かということについてですが，このことは，（読者の）みなさんが目の前にあるコーヒーカップに手を伸ばしているような状況を考えてみることで，答えの一端が見えてきます。この場合，まず知覚されるのはコーヒーカップであり，そのカップの認識があって，次にそれをもつために手を伸ばすという行為をするわけです。つまり，対象物の認知がまずあって，それに対する行為があるという順になるのです。もっと言えば，コーヒーカップが知覚・認識されると，それに向かって伸びていくあなたの手は，すでにカップを掴む形になっています。この手の形は対象の知覚によって起こるわけであり，これを自然に反映すると OV という語順になるのです。

　それに対して，英語の SVO という語順は，第 1 章で述べた出来事をメタ認知することが慣習化されることで脳内に形成される概念的鋳型を反映しています。つまり，V は S と O の間に成り

立つ関係概念を表すことから、この語順である必要があるわけです。たとえば、Johnが地図を買ったという状況を知覚・認識すると、英語話者の場合にはこの状況をメタ認知し、第1章の図10に示した概念的鋳型のスロットを埋めるという認知処理になります。つまり、Johnとa mapをbuyという関係概念で捉えることになるわけです。このことについてさらに言えば、日本語とは違って、英語では *I woke my father up at 6 o'clock, but he didn't wake up. (Hofmann・影山 (1986: 97)) のような言い方ができないのは、「起こした」は「起きた」を含意するというように「結果指向的」だからだと言われています。しかし、これは主語 (I) と目的語 (my father) をwakeという行為で関係付けているわけで、その行為が過去の特定の時に実行されたということは、当然、その完遂を含意することになるからです。

また、日本語と英語の人称代名詞の違いにも、知覚と認識が融合した認知の仕方とメタ認知という出来事の認知の違いが反映されています。英語では話し手自身はIでしかなく、相手はyouでしかないのは、出来事全体をメタ認知するという認知操作によって、話し手を含めた出来事の参与者 (participants) が客体視されるので、人称代名詞はその参与者に対するレッテルでしかないからです。つまり、英語話者の場合には、メタ認知によって出来事全体を客体化し、Iとyouによって形成される空間を談話の最小空間として、その空間の外の参与者を三人称とする世界の切り取りかたをするわけです。それに対して、日本語に一人称、二人称、

三人称を指すさまざまな呼び方（わたし，わたくし，俺…／あなた，お前…／かれ，あいつ，やつ…）があるのは，知覚と認識が融合した認知の仕方のために，人称代名詞が対人的な関係を表す機能を帯びてしまうからなのです。第 2 章で，日本語に「迷惑受け身」が発達しているのは，出来事を話し手との関係で認識するのが日本語話者に習慣化しているからだと述べました。人称代名詞の対人関係機能もこれと同様で，他者を話し手との関係で認識するからです。したがって，このことから日本語の場合は「人称代名詞」ではなく，「人称名詞」（金谷 (2003)）だという考えも成り立つわけです。そして，このように考えてくると，日本語の場合には，丁寧語，尊敬語，謙譲語という敬語体系など，話し手との「対人関係」を表す言語的手段が豊かであり，その一部に「人称名詞」があるとも言えるわけです。

　本書では，知覚と認識が融合した認知とそこから認識を分離したメタ認知から「ことば」とは何かを考えてきました。第 1 章のはじめで，言語の習得にはその言語の文法と語彙の習得が不可欠ですが，それだけでは「ことば」を使いこなすことは難しく，言語話者の出来事の捉え方を踏まえた言語教育が必要なのではないかと述べました。その意味で，本書が英語教育に少しでも貢献できましたら幸いです。

参 考 文 献

Allan, Keith (1977) "Classifiers," *Language* 53, 285-309.
安藤貞雄 (1986)『英語の論理・日本語の論理』大修館書店, 東京.
安藤貞雄 (2002)『英語史入門——現代英文法のルーツを探る』開拓社, 東京.
安西徹雄 (2000)『英語の発想』筑摩書房, 東京.
Barsalou, L. W. and J. J. Prinz (1997) "Mundane Creativity in Perceptual Symbol System," *Creative Thought: An Investigation of Conceptual Structures and Processes*, ed. by Thomas B. Ward, Steven M. Smith and J. Vaid, American Psychological Association, Washington, D.C.
Barsalou, L. W. (1999) "Perceptual Symbol Systems," *Behavioral and Brain Science* 22, 577-660.
Becker, Alton L. (1975) "A Linguistic Image of Nature: The Burmese Numerative Classifier System," *Linguistics* 165, 109-121.
Biber, Douglas et al. (1999) *Longman Grammar of Spoken and Written English,* Longman, London.
Bolinger, Dwight (1977) *Meaning and Form*, Longman, London.
Brown, G. and G. Yule (1983) *Discourse Analysis*, Cambridge University Press, Cambridge.
Carter, R. A. and M. J. McCarthy (2006) *Cambridge Grammar of English*, Cambridge University Press, Cambridge.
Collins COBUILD English Dictionary (1995) HarperCollins Publishers.
Deane, P. (1987) "English Possessives, Topicality, and the Silverstein Hierarchy," *BLS* 13, 65-76.

Dixon, Robert M. W. (1984) "Semantic Basis of Syntactic Properties," *BLS* 10, 583-595.

Dixon, Robert M. W. (1991) *A New Approach to English Grammar on Semantic Principles*, Oxford University Press, Oxford.

Dunlosky, J. and J. Metcalfe (2009) *Metacognition*, SAGE Publications, London.

Gibbs, Raymond (2005) "The Psychological Status of Image Schema," *From Perception to Meaning*, ed. by Beate Hampe, 113-135, Mouton de Gruyter, Berlin/New York.

Grady, Joseph E. (2005) "Image Schemas and Perception: Refining a Definition," *From Perception to Meaning*, ed. by Beate Hampe, 35-55, Mouton de Gruyter, Berlin/New York.

Gundel, J. K. et al. (1993) "Cognitive Status and Form of Referring Expressions in Discourse," *Language* 69, 274-307.

Hamada, Hideto (2009) "Possession and Existence: Conceptual Nature of *Have* and *There* Constructions,"『英文学研究—支部統合号』第2巻, 91-112, 日本英文学会.

濱田英人 (2011a)「言語と認知—日英語話者の出来事認識の違いと言語表現—」『函館英文学』第50号, 65-99, 函館英語英文学会.

濱田英人・井上紗葉璃 (2011b)「日本語話者のモノの認識と類別詞」『文化と言語』第75号, 51-77, 札幌大学外国語学部紀要.

Hamada, Hideto (2014) "Human Cognition and Nature of Language Diversity,"『函館英文学』第53号, 1-27, 函館英語英文学会.

長谷川寿一・C. ラマール・伊藤たかね(編) (2008)『こころと言葉』東京大学出版会, 東京.

Hayase, Naoko (1993) "Prototypical Meaning vs. Semantic Constraints in the Analysis of English Possessives," *English Linguistics* 10, 133-159.

早瀬尚子 (2002)『英語構文のカテゴリー形成』勁草書房, 東京.

早瀬尚子 (2009)「懸垂分詞構文を動機づける「内」の視点」『「内」と

「外」の言語学』，坪本篤朗・早瀬尚子・和田尚明(編)，55-97，開拓社，東京.

Hawkins, R. (1981) "Towards an Account of the Possessive Constructions: NP's N and the N of NP," *Journal of Linguistics* 17, 247–269.

Hinds, John (1986) *Situation vs. Person Focus*, くろしお出版，東京.

Hofmann, Th. R.・影山太郎 (1986) *10 Voyages in the Realms of Meaning*, くろしお出版，東京.

本多啓 (2005)『アフォーダンスの認知意味論──生態心理学から見た文法現象』東京大学出版会，東京.

保坂道雄 (2014)『文法化する英語』(開拓社 言語・文化選書47)，開拓社，東京.

井川壽子 (2012)『イベント意味論と日英語の構文』くろしお出版，東京.

池上嘉彦 (1981)『「する」と「なる」の言語学』大修館書店，東京.

Ikegami, Yoshihiko (1991) "'DO-language' and 'BECOME-language': Two Contrasting Types of Linguistic Representation," *The Empire of Signs: Semiotic Essay on Japanese Culture*, ed. by Y. Ikegami, 285-326, John Benjamins, Amsterdam.

池上嘉彦 (2002)『自然と文化の記号論』放送大学教育振興会，東京.

池上嘉彦 (2006)『英語の感覚・日本語の感覚──〈ことばの意味〉のしくみ』日本放送出版協会，東京.

池上嘉彦 (2009)「人文学研究における作業仮説としての〈相同性〉」『英文学研究──支部統合号』第2巻，421-435，日本英文学会.

池上嘉彦 (2011)「日本語と主観性・主体性」『主観性と主体性』(ひつじ意味論講座 第5巻)，49-67，ひつじ書房，東京.

今井むつみ (2010)『ことばと思考』(岩波新書)，岩波書店，東京.

今井むつみ・佐治伸郎(編) (2014)『コミュニケーションの認知科学1 言語と身体性』岩波書店，東京.

井上京子 (1998)『もし「右」や「左」がなかったら 言語人類学への招待』大修館書店，東京.

Jespersen, Otto (1961) *A Modern English Grammar on Historical Principles* Part V, George Allen & Unwin, London.

加賀野井秀一 (2005)「「開かれた日本語」を求めて」月刊『言語』vol. 34, No. 12, 58–65.

葛西清蔵 (1997)『英語学演義』共同文化社, 札幌.

葛西清蔵 (1998)『心的態度の英語学』リーベル出版, 東京.

金杉高雄・岡智之・米倉よう子 (2013)『認知歴史言語学』(認知日本語学講座 第7巻), くろしお出版, 東京.

金谷武洋 (2003)『日本語文法の謎を解く──「ある」日本語と「する」英語』筑摩書房, 東京.

小西友七 (編) (1980)『英語基本動詞辞典』研究社, 東京.

工藤真由美 (2004)「現代語のテンス・アスペクト」『朝倉日本語講座 第6巻 文法II』, 172–192, 朝倉書店, 東京.

熊谷高幸 (2011)『日本語は映像的である──心理学から見えてくる日本語のしくみ』新曜社, 東京.

Langacker, Ronald W. (1986) "An Introduction to Cognitive Grammar," *Cognitive Science* 10, 1–40.

Langacker, Ronald W. (1987) *Foundations of Cognitive Grammar*, vol. 1: *Theoretical Prerequisite*, Stanford University Press, Stanford.

Langacker, Ronald W. (1991) *Foundations of Cognitive Grammar*, vol. 2: *Descriptive Application*, Stanford University Press, Stanford.

Langacker, Ronald W. (1993) "Reference-Point Constructions," *Cognitive Linguistics* 4, 1–38.

Langacker, Ronald W. (1995) "Viewing in Cognition and Grammar," *Alternative Linguistics: Descriptive and Theoretical Modes*, ed. by Philip W. Davis, 153–212, John Benjamins, Amsterdam.

Langacker, Ronald W. (1999) *Grammar and Conceptualization* (Cognitive Linguistics Research 14), Mouton de Gruyter, Berlin/New York.

Langacker, Ronald W. (2008) *Cognitive Grammar: A Basic Introduc-*

tion, Oxford University Press, Oxford.

Leech, Geoffrey N. (1989) *An A-Z of English Grammar & Usage*, Edward Arnold, London.

Longman Dictionary of Contemporary English (1978), Longman, London.

町田章 (2011)「日本語のラレル構文の形式と意味──認知文法からのアプローチ──」『意味と形式のはざま』, 163-177, 英宝社, 東京.

茂木健一郎 (2004)『脳内現象』日本放送出版協会, 東京.

中右実 (1998)「空間と存在の構図」『構文と事象構造』(日英語比較選書 5), 中右実 (編), 研究社, 東京.

中村芳久 (2004)「主観性の言語学:主観性と文法構造・構文」『認知文法論 II』, 中村芳久 (編著), 3-55, 大修館書店, 東京.

中村芳久 (2006)「言語における主観性・客観性の認知メカニズム」月刊『言語』vol. 35, No. 5, 74-82.

中村芳久 (2009)「認知モードの射程」『「内」と「外」の言語学』, 坪本篤朗・早瀬尚子・和田尚明 (編), 353-393, 開拓社, 東京.

Newman, John (1996) *Give—A Cognitive Linguistics Study* (Cognitive Linguistics Research 7), Mouton de Gruyter, Berlin/New York.

二枝美津子 (2007)『格と態の認知言語学』世界思想社, 東京.

二枝美津子 (2009)「中動態と他動性」『京都教育大学紀要』No. 114, 105-119.

大庭幸男 (2011)『英語構文を探求する』(開拓社 言語・文化選書 23), 開拓社, 東京.

奥野忠徳 (1989)『変形文法による英語の分析』(現代の英語学シリーズ 9), 開拓社, 東京.

尾野治彦 (1990)「進行形についての覚え書き──be going to と will の比較に関連して──」『函館英文学』第 29 号, 15-35, 函館英語英文学会.

尾野治彦 (2004)「小説における補文標識「の」「こと」の使い分けについて──語り手の心的態度の観点から──」『日本語科学』15, 45-68, 国立国語研究所, 国書刊行会.

尾野治彦 (2008)「絵本における日英語の推移表現の比較―〈臨場的スタンス〉と〈外置的スタンス〉の観点から―」『北海道武蔵女子短期大学紀要』第40号,37-99.

尾野治彦 (2010)「「S1と,S2」と「やがて」における「体験性」をめぐって―対応する英語表現と比較して―」『英文学研究―支部統合号』第3巻,29-46,日本英文学会.

尾上圭介 (2003)「ラレル文の多義性と主語」月刊『言語』Vol. 32, No. 4, 34-41.

ピーターセン,マーク (2002)『痛快! コミュニケーション英語学』集英社インターナショナル,東京.

Radden, Günter and René Dirven (2007) *Cognitive English Grammar* (Cognitive Linguistics in Practice 2), John Benjamins, Amsterdam.

Ramachandran, V. S. (1998) *Phantoms in the Brain*, Willian Morrow, New York.

Ramachandran, V. S. (2011) *The Tell-Tale Brain*, W.W. Norton & Company, New York/London.

Ruwet, N. (1991) *Syntax and Human Experience*, University of Chicago Press, Chicago.

佐藤芳明・田中茂範 (2009)『レキシカル・グラマーへの招待』(開拓社 言語・文化選書9),開拓社,東京.

Shibatani, Masayoshi (1991) "Grammaticalization of Topic into Subject," *Approaches to Grammaticalization*, vol. 2, ed. by E.C. Traugott and B. Heine, 93-133, John Benjamins, Amsterdam and Philadelphia.

Sun, Ron and Robert Mathews (2003) "Explicit and Implicit Processes of Metacognition," *Advanced in Psychology Research*, 3-18, Nova Science Publishers.

鈴木孝夫 (1973)『ことばと文化』岩波書店,東京.

高見健一・久野暲 (2002)『日英語の自動詞構文』研究社,東京.

Talmy, Leonard (2000) *Toward a Cognitive Semantics*, vol. 2, *Typology and Process in Concept Structuring*, MIT Press, Cambridge, MA.

Talmy, Leonard (2005) "The Fundamental System of Spatial Schemas in Language," *From Perception to Meaning*, ed. by Beate Hampe, 199-234, Mouton de Gruyter, Berlin/New York.

Taylor, J. R. (1989) "Possessive Genitive in English," *Linguistics* 27, 663-686.

Taylor, J. R. (1994) ""Subjective"and"Objective"Readings of Possessor Nominals," *Cognitive Linguistics* 5:3, 201-242.

寺村秀夫 (1984)『日本語のシンタクスと意味II』くろしお出版, 東京.

寺村秀夫 (1991)『日本語のシンタクスと意味III』くろしお出版, 東京.

坪本篤朗 (1998)「文連結の形と意味と語用論」『モダリティと発話行為』(日英語比較選書3), 中右実(編), 研究社, 東京.

月本洋 (2008)『日本人の脳に主語はいらない』講談社, 東京.

角田太作 (1991)『世界の言語と日本語』くろしお出版, 東京.

Tomasello, Michael (2003) *Construing a Language: A Usage-Based Theory of Language Acquisition*, Harvard University Press, Cambridge, MA.

上山恭男 (1985)「英語受動文の機能的・語用論的分析──英文法学習への新たなるアプローチ」『人文論究』第45号, 1-13, 北海道教育大学函館人文学会.

上山恭男 (1987)「to不定詞と動名詞の名詞性」『英語青年』3月号, 8.

山鳥重 (2008)『知・情・意の神経心理学』青灯社, 東京.

山梨正明 (2000)『認知言語学原理』くろしお出版, 東京.

山梨正明 (2004)『ことばの認知空間』開拓社, 東京.

Whorf, Benjamin Lee (1956) *Language, Thought, and Reality*, MIT Press, Cambridge, MA.

Wierzbicka, Anna (1988) *The Semantics of Grammar*, John Benjamins, Amsterdam.

索　引

1. 索引は事項と人名・出典に分けてある。それぞれ，日本語はあいうえお順，英語は ABC 順に並べてある。
2. 数字はページ数字を示す。

事　項

[あ行]

一事態化　62
一時的な読み　156
移動の概念　124
移動表現　142
意味拡張　14, 125–127
意味の希薄化　109, 168
イメージ・スキーマ　12–13, 147
インタラクション　25, 27, 84–85, 150
英語の感覚　8, 34
英語らしさ　3
衛星枠付け言語（satellite-framed language）　142
遠近概念　36–37, 50, 56, 68
遠近感覚　36, 38

[か行]

概念世界　6, 13, 26, 36, 94–97, 118, 146–147, 164
概念的鋳型　31, 32, 162, 163, 173
概念的自立性（conceptual autonomy）　86, 89
概念領域　15
過去形　64–68
過去指向的　39, 40
過去時制　54, 57, 58, 65–69
可算名詞　15–16, 101–105
価値判断　84–86
観察者の記憶（observer memory）　159
間接受動文（被害受け身）　114
間接目的語　112, 114
間接話法　57
既知情報　164
機能語　109
客体化　21, 41–46, 51, 59, 63,

87-89, 174
キャンセル可能性 (cancellability) 50
境界 (boundary) 16, 97, 103
境界を有する実体 (bounded entity) 103
共同注意 (joint attention) 25, 26
共有知識 (shared knowledge) 164
近接性 7, 108
経験者 (experiencer) 44, 80
経験領域 52, 53
敬語表現 85
軽動詞 (light verb) 87
経路 (path) 142, 144
結果志向 137
結果状態 113, 138, 150, 167
結束性 (cohesion) 72
現在完了 37, 52-56
現在形 64-69
現在時制 57-69
現在の談話空間 (current discourse space) 53
現象文 61, 157
懸垂分詞（構文） 62
行為 (process) 29, 40, 50, 51
行為者 (agent) 41, 51, 60, 75-78, 81, 88-89
心の理論 (theory of mind) 21
コト的 41, 42, 51
好まれる表現形式（言い回し）(fashion of speaking) 31, 33
コントロール 38-40, 50

[さ行]

再帰構文 80-82
参照点 10-12, 23-24, 108-110, 124-126, 130-134, 161
参照点構造 (reference point construction) 10, 114
参照点／ターゲット認知 23, 27, 113, 124, 134
参照点能力 (reference point ability) 10, 11
参与者 (participants) 31, 80, 81, 174
視界 (viewing frame (VF)) 15, 59
思考動詞 70, 71
自己評価 21
時制の一致 (sequence of tenses) 68-70
実現可能性 39, 40, 65, 66
視点の一貫性 71, 74, 86
自動詞化 79, 80
支配領域 (dominion) 36, 37-51, 52, 56, 66-69
シミュレーション 14
視野の記憶 (field memory) 96, 159
視野の共有 96
集合認識 100
受益構文 115
主体化 (subjectification) 19, 160
授与動詞 115
受領者 (receiver) 112

状態性　153, 158
焦点化（前景化）　7, 43, 107, 110
所有関係　2, 113, 130, 162
自律性　42, 43, 86, 89
心像（mental image）　172
心的行為の主体（agent）　44
心的走査（mental scanning）　4, 18, 59, 148-157
心的態度　19, 51
心理的な遠さ　19
推移　27, 28, 59, 62
数詞類別詞（numeral classifier）　101
スキーマ　12, 13
世界の切り分け　101
ゼロ形態　104, 107
前景化（foregrounding）　8, 69, 110
全体の空間　110
前置詞文　112, 115, 117, 120
相動詞（aspectual verbs）　48, 49
存在文　149, 160-169
存在様態文　149

[た行]

他動性（transitivity）　79-81, 166-168
談話空間（current discourse space）　53, 164
近いと感じる空間　54
知覚作用　4, 14, 20, 36
知覚世界　12
知覚体験　4, 12-14, 15, 150, 159
知覚対象　5, 6, 20, 162
知覚と認識が同時並行的　20, 124, 157
知覚と認識が融合した認知　21, 22-26, 92, 105, 142, 144, 172-175
知覚表象（perceptual representation）　171
中間構文　81-82
直接受け身　74, 114
直接体験　84, 95
直接目的語　114
直接話法　57
テイル　142, 148-150, 156-160
出来事性（eventivity）　87
出来事を構造的に捉える概念的鋳型　31
デフォーカス　72-74, 86
てもらう　115
統合的スキーマ　104-111
同語反復　106
動作性　153
動詞枠付け言語（verb-framed language）　142
同族目的語　87-88
到達動詞（achievement verbs）　155
動名詞　37-51
遠いという感覚　66
時の視点（時の認知ドメイン）　66
トラジェクター（tr）　31, 60
トラジェクター／ランドマーク認

知　32, 111

[な行]

内的異質性（internal heterogeneity）　103
内的均質性（internal homogeneity）　103
内容語　109
二重目的語構文　111-124
日本語の感覚　8, 34
日本語らしさ　3
認識上の「見え」の範囲　26
人称代名詞　173-175
人称名詞　175
認知空間　54, 93, 96
認知主体　4-7, 16-17, 20, 30, 36
認知処理　31-32, 97, 110, 146, 162, 172, 174
認知操作　4, 14, 20, 29, 57, 61, 104, 110
認知能力　6-23, 101, 109, 134
認知プロセス　4-17, 107, 142, 150, 171
認知文法（Cognitive Grammar）　3-30, 36, 144, 171
認知様式　146, 159, 172
能格性　77
脳内現象　21, 172

[は行]

背景化　8

場所の表現　2, 23, 161
場面外視点　32-33, 57
発話時の概念空間　56
場面内視点　26
場面の外から見る感覚　32
被害受け身（迷惑受け身）　74, 82-83
人と人の関係　118-120
人とモノの関係　118-120
不可算名詞　15-16
複数形態素　102-104
複数語尾　102-103
不定詞　37-51
プロセス志向　137
プロトタイプ　166
文法化　58, 109, 162, 168-169
母語習得　21, 32, 96, 105-111, 118, 146, 161
補助動詞　113
補文辞　125, 127

[ま行]

「見え」　15, 22, 26, 76, 92-97, 105, 136, 159
未来指向的　39-40
無冠詞名詞　98-99
名詞性　41-42
目立ちの原理（salience principle）　11, 23
メタ認知　21, 29-32, 59-76, 97, 118, 136, 142-146
メタ表象　172

メトニミー　109, 126
モノ的　8, 41-51
目標物（target）　10, 161

［や行・ら行・わ行］

様態や手段　143
ラレル　82-86
ランドマーク（lm）　31-32
リアルタイム処理（real-time processing）　20
離散的スキーマ　104-111
臨場感　152
類似性　7, 14, 101, 108
類別詞（classifiers）　101-111
話題（topic）　53, 56, 60, 71, 77, 100, 112

［英語］

a 名詞　98
be going to の主体化　17-18
be V-ing　148, 151, 157-158
can の主体化　18-19
conceived time（t）　144-145, 159, 160
Figure　4-9, 29-30, 111, 119, 161
Ground　4-9, 29-31
Figure/Ground 認知　30-31, 119
have 構文　161-163
immediate scope　82, 155
overall scope　155
processing time（T）　144-146, 159, 160
rise の主体化　16-17
specificity（詳述さの度合い）　25
SVOO　115, 121, 123
the 名詞　98
there 構文　162-169

人名・出典

安西徹雄　57
安藤貞雄　58, 103
池上嘉彦　95, 105
今井むつみ　107
上山恭男　37, 72
大庭幸男　116
奥野忠徳　116
尾上圭介　84
尾野治彦　27, 28, 60, 62, 84, 95, 106, 107, 128, 156, 157
加賀野井秀一　74
葛西清蔵　43
金杉高雄　125, 149
金谷武洋　175
川端康成　94
工藤真由美　57
熊谷高幸　60
小西友七　42, 49, 139
佐藤芳明・田中茂範　37
鈴木孝夫　140
高見健一・久野暲　165-167

坪本篤朗　61
寺村秀夫　125, 150
中村芳久　23, 30, 58
中石実　160
二枝美津子　78, 80, 81
早瀬尚子　62
ピーターセン，マーク　152
保坂道雄　19
山梨正明　8, 104

Barsalou, L. W.　12
Barsalou, L. W. and J. J. Prinz　14
Bolinger, D.　162
Brown. G. and G. Yule　72
Carter and McCarthy　138, 139
Deane, P.　132
Dixon, R. M. W.　49
Hinds, J.　75
Hofmann, Th. R.・影山太郎　174
Ikegami, Y.　77
Jespersen, O.　62
Langacker, R. W.　4, 5, 7, 10, 11, 14, 17, 18, 78, 89, 117, 130
Leech, G. N.　138
Radden and Dirven　137, 139, 140
Ramachandran, V. S.　13
Ruwet, N.　86
Shibatani, M.　77
Talmy, L.　143
Taylor, J. R.　131
Tomasello, M.　76
Wierzbicka, A.　43, 49
Whorf, B.　33

濱田　英人　（はまだ　ひでと）

　1957年，北海道生まれ。北海道大学大学院文学研究科英米文学専攻博士後期課程退学。博士（文学）。現在，札幌大学地域共創学群教授。2001~2002年，カリフォルニア大学サンディエゴ校客員研究員（Langacker教授の指導の下，英語の主要な構文について認知文法の視点から研究）。2012〜2013年，北海道滝川市「英語コミュニケーション能力・論理的思考力を強化する指導改善の取組」運営指導委員会委員長。

　主な著書・論文：*Grammar and Cognition* (Kyodo Bunkasha, 2002), "Possession and Existence: Conceptual Nature of *Have* and *There* Constructions"（『北海道英語英文学』第54号, 2009）, *Grammar of the English Language*（テキスト，三浦印刷, 2010）,「認知と言語―日英語話者の出来事認識の違いと言語表現―」（『函館英文学』第50号, 2011）, "Human Cognition and Nature of Language Diversity"（『函館英文学』第53号, 2014）, *Perception, Cognition, and Linguistic Manifestations: Investigations into the Locus of Meaning*（博士論文，金沢大学大学院人間社会環境研究科, 2015）。その他，認知文法の視点から日英語対照研究に関する論文多数。

認知と言語
――日本語の世界・英語の世界――

<開拓社 言語・文化選書 62>

2016年10月21日　第1版第1刷発行

著作者	濱田英人
発行者	武村哲司
印刷所	萩原印刷株式会社／日本フィニッシュ株式会社

発行所	株式会社 開拓社

〒113-0023　東京都文京区向丘1-5-2
電話　(03) 5842-8900（代表）
振替　00160-8-39587
http://www.kaitakusha.co.jp

© 2016 Hideto Hamada　　　　　　　　　　ISBN978-4-7589-2562-4　C1380

JCOPY ＜(社)出版者著作権管理機構　委託出版物＞
本書の無断複写は著作権法上での例外を除き禁じられています。複写される場合は，そのつど事前に，(社)出版者著作権管理機構（電話 03-3513-6969, FAX 03-3513-6979, e-mail: info@jcopy.or.jp）の許諾を得てください。